AF509072

VIE

DU

COMTE DE MUNNICH.

Burchard Christophe

Comte de Munnich Feld.

Maréchal Général

au Service de la Russie.

VIE

DU COMTE DE MUNNICH,

GÉNÉRAL-FELD-MARÉCHAL
AU SERVICE DE RUSSIE.

Ouvrage traduit librement de l'allemand de
GERHARD-ANTOINE DE HALEM.

A PARIS,

A LA LIBRAIRIE STÉRÉOTYPE, chez H. NICOLLE,
rue des Petits-Augustins, n°. 15.

1807.

AVANT-PROPOS

DU TRADUCTEUR.

——

A UNE époque où tous les yeux sont fixés vers la partie septentrionale et orientale de l'Europe, nous avons pensé qu'on ne lirait pas sans intérêt l'histoire d'un guerrier renommé qui a déployé dans ces contrées de grands talens, y a eu de brillans succès et d'éclatantes disgraces, et dont le nom est surtout attaché aux sanglantes querelles de la Russie et de la Porte.

Ce n'est pas seulement sous le rapport militaire que le célèbre feld-maréchal Munnich est représenté dans le tableau qu'on va lire; on y verra le moteur principal de diverses révolutions, d'entreprises vastes et utiles, le courtisan, suivant les circonstances, souple et adroit, ou entreprenant et impérieux, le vainqueur intrépide et habile des Polonais, des Tartares, des Ottomans, l'illustre banni qui ne montre pas moins de fermeté dans les revers que de valeur dans les combats, l'homme à talens qui, dans toutes les positions et jusques dans l'âge le plus avancé, déploie la plus infatigable activité; en un mot un de ces hommes rares dont la longue carrière est pleine de tout ce qui donne des droits à une haute considération, de tout ce qui leur fait occuper une place distinguée dans l'histoire de leur siècle.

L'auteur de cet ouvrage, né, comme le maréchal Munnich, dans le pays d'Oldenbourg , s'enorgueillit avec raison que sa patrie soit celle de cet homme extraordinaire ; et quand il l'érige en héros , il ne fait que lui donner la qualification que l'immortelle Catherine se plaisait à lui accorder et que la postérité ne lui refusera pas.

Munnich sans doute fut un *héros* , si ce titre appartient à ceux qui par de grands talens et de hauts faits ont influé sur la destinée des empires , et qui , même dans leurs fautes et leurs imperfections, ont fait preuve d'un grand caractère.

Sa vie est tellement liée pendant un demi-siècle aux révolutions de la Russie , que , comme le dit son historien, la parcourir c'est en quelque sorte récapituler l'histoire de cet empire.

En effet , Munnich fut appelé en

1721 auprès de Pierre-le-Grand, et jouit, jusqu'à sa mort, de son estime et de sa confiance.

Il continua à recevoir des preuves de ces sentimens sous les deux successeurs de ce prince, Catherine I{ere} et Pierre II.

Le règne de l'impératrice Anne fut en grande partie illustré par ses exploits militaires.

Sous la régence de Biron et de la grande duchesse Anne il jouit du plus grand crédit.

La révolution qui porta Elisabeth sur le trône le rélégua pour vingt ans en Sibérie.

Rappelé de son exil par Pierre III, il eût prévenu la catastrophe de ce malheureux prince, s'il l'eût trouvé accessible aux conseils de la sagesse et du courage.

Enfin, il consacra utilement au

service de Catherine II les dernières années de sa longue carrière.

On citerait peu d'hommes dans l'histoire dont la vie ait été aussi remplie.

La traduction que nous donnons de celle du feld-maréchal Munnich n'est pas à beaucoup près servile. Nous avons quelquefois osé substituer nos propres réflexions à celles de l'auteur, quand elles nous ont paru naître du sujet. Nous avons supprimé quelques longueurs. Nous nous sommes permis de fondre dans le texte plusieurs morceaux que l'auteur a rejetés dans les notes ou dans les pièces justificatives. Cette méthode des Allemands n'est pas conforme au goût des lecteurs français. Nous avons cru pouvoir nous en écarter, sans rien changer ni au plan ni à l'esprit de l'ouvrage. Nous avons d'ailleurs respecté et l'enthousiasme de l'auteur pour son héros et sa partialité quelquefois excessive pour les Russes, et jusqu'à ses tournures poétiques qui ne nous ont pas paru indignes de la gravité de l'histoire, et qui révèlent le goût et l'aptitude de l'auteur pour les belles-lettres.

VIE

DU COMTE DE MUNNICH,

GÉNÉRAL FELD-MARÉCHAL AU SERVICE DE RUSSIE (1).

CHAPITRE PREMIER.

~~~~~~~~~~~~~~~~~~~

INTRODUCTION.

L'HISTOIRE de Russie, au milieu des fréquentes révolutions qu'a éprouvées cet empire, nous présente, dans les premières places de l'administration, des hommes qui, par la rapidité de

---

(1) L'auteur, Gérard-Antoine de Halem, est, comme le maréchal Munnich, du pays d'Oldenbourg. Il a recueilli avec soin tant dans leur commune patrie, qu'à Pétersbourg et ailleurs, tous les renseignemens relatifs à son illustre compatriote ; et on peut compter sur la fidélité de sa narration.
~~~~~~~~~~~~~~~~~~~

leur fortune comme par celle de leur chute, ont éveillé l'attention de l'univers ; mais il n'en est aucun peut-être que le mérite ait porté plus visiblement à ses hautes destinées, que l'estime publique ait plus constamment accompagné dans sa disgrâce, aucun qui ait terminé plus honorablement sa carrière, que le maréchal Munnich.

Sa vie traverse avec autant d'éclat que de pureté toute l'histoire de Russie, depuis le règne de Pierre-le-Grand jusqu'à celui de Catherine II ; et on trouve d'autant plus d'attrait à en suivre le cours, qu'elle se lie intimément à tous les principaux événemens politiques qui ont agité l'empire russe pendant l'espace de près d'un demi-siècle.

Munnich naquit en Allemagne ; et le pays d'Oldenbourg, qui lui donna le jour, s'en honore d'autant plus, que, loin d'avoir jamais oublié son berceau, il caressa constamment le projet d'aller finir sa vie sous ces ombrages, témoins des jeux de son enfance, et que la mort seule a pu en empêcher l'accomplissement.

Long-temps je n'avais vu dans Munnich que le grand capitaine, l'effroi des Ottomans ; et à cette distance, je me trouvais trop éloigné de lui pour qu'il pût occuper mes regards. Je m'en suis senti rapproché à la lecture des lettres qu'il écrivit, au retour de son exil, à quelques-uns des amis qu'il avait conservés dans sa patrie. Dès-lors je formai une sorte d'intimité avec le grand homme qu'une longue adversité avait, sans ternir sa gloire, rendu pour ainsi dire à sa simplicité primitive. Je me plus à suivre les traces de sa vie depuis son berceau jusqu'à son tombeau, et cet ouvrage est le fruit de mes recherches. Pour qu'il fût plus complet et plus authentique, j'avais besoin de l'aveu et du concours des personnes qui ont eu avec lui les relations les plus étroites; j'ai sollicité et obtenu l'un et l'autre. Le comte de Solms, son gendre, a bien voulu, surtout, me fournir des notions que personne mieux que lui n'avait pu recueillir, et j'en ai profité. Je crois donc être en état d'esquisser d'une main assurée le portrait moral d'un homme qui est si digne du burin de l'histoire.

Antoine Gunther de Munnich, seigneur de Huntorf et de Gruneck, fut le père de notre héros. Quelques détails sur sa personne et ses emplois, seront d'autant moins superflus, que ce sont les occupations du père qui ont donné au fils la direction que celui-ci a suivie si glorieusement.

Le père de Munnich était entré au service du
roi de Danemarck, et y était parvenu jusqu'au
grade de capitaine de cavalerie. Ses lumières
étendues dans ce qui tient au génie militaire,
auraient pu lui assurer un avancement brillant,
s'il se fût voué en Danemarck à cette carrière.
Il aima mieux consacrer ses talens au service de
sa véritable patrie, le pays d'Oldenbourg, où
ses biens étaient situés. On avait négligé depuis
quelque temps l'entretien des digues qui pro-
tégent ce pays contre les invasions de la mer
Baltique et contre les débordemens du Weser.
Il crut devoir en faire l'objet de ses occupations.
Les connaissances qui le rendaient propre à
cette tâche, étaient héréditaires dans sa famille.
Déjà son père et son grand-père, qui avaient
présidé au baillage de Wustenland, s'étaient
distingués par leur habileté dans l'art de construire et d'entretenir les digues ; et ils avaient,
sous ce rapport, rendu de véritables services à
leur patrie. On s'était plaint plusieurs fois que,
faute d'une surveillance active et éclairée, les
digues dépérissaient et les débordemens se
multipliaient. En quittant les drapeaux du
Danemarck, avec le grade de lieutenant-colonel, Munnich sollicita et obtint d'être chargé
de cette surveillance en chef, avec le titre d'ins-

pecteur-général des digues des comtés d'Oldenbourg et de Delmenhorst. Il s'établit en cette
qualité près de Neuenhuntorf, village voisin
d'une de ses terres, et situé environ à trois
lieues de la ville d'Oldenbourg.

C'est là qu'il eut, de son mariage avec Sophie-
Catherine d'OEtken, son second fils, Burchard
Christophe, né le 9 mai 1683. Cet enfant ne
tarda pas à être l'objet favori des affections
paternelles. La bonté de son caractère, les
preuves précoces qu'il donna de son intelligence et de sa loyauté, semblaient justifier cette
préférence. Vers le déclin de sa vie, le maréchal
de Munnich se rappelait avec plaisir un trait qui
avait augmenté la confiance que son père mit en
lui de bonne heure. Partant pour Hambourg,
Munnich le père avait emprunté de son fils une
cassette pour le voyage, et la lui avait rendue à
son retour. Le jeune homme y trouva une somme
d'argent que son père y avait oubliée dans un
tiroir secret. La trace en eût été facilement
perdue; mais, malgré sa jeunesse et les besoins
qu'on a souvent à cet âge, il se serait fait scru-
pule de garder ce qui n'était pas à lui. La resti-
tution sans doute était prescrite par la délica-
tesse; mais elle surprit agréablement le père,
qui en conçut un redoublement de tendresse

pour son fils. C'en était assez pour qu'elle laissât de profondes traces dans la mémoire de celui-ci.

Cette inclination devint plus décidée encore à mesure que le père de Munnich vit son fils se consacrer avec zèle aux divers travaux de détail qui pouvaient l'aider dans ses fonctions ; et tandis que le père s'occupait des ouvrages d'hydraulique qui étaient du ressort de sa place, le fils dessinait ses plans et l'accompagnait dans ses pénibles tournées. Rulhière était donc mal instruit, lorsque, dans son histoire ou *Anecdotes sur la Révolution de Russie,* il a écrit que Munnich devint *habile ingénieur aussitôt que le hasard eut fait tomber entre ses mains, dans le désœuvrement d'un quartier d'hiver, quelques feuilles éparses et déchirées d'une mauvaise géométrie française.* Tant il est vrai qu'il ne suffit pas d'avoir été sur les lieux pour inspirer une confiance dans les anecdotes qu'on raconte, qu'il faut encore puiser à de bonnes sources.

Munnich le père rédigea une description détaillée des digues, des écluses, des alluvions et des atterrissemens du pays d'Oldenbourg. L'ouvrage, tout utile qu'il était, devait paraître aride et rebutant, même à parcourir. Le jeune Munnich, n'écoutant que son zèle et son dévouement pour son père, prit la peine de le copier de sa main. Pour tracer les plans qui devaient accompagner cette description, il manqua long-temps des outils et des instrumens nécessaires. Ce ne fut que dans un voyage en Courlande, où il accompagna un de ses beaux-frères, le baron de Wildeman, qu'il prit sur ses épargnes de quoi en acheter quelques-uns ; et, malgré leur imperfection, il sut les employer à compléter son travail.

C'est ainsi que sur les bords obscurs de la Hunte, il formait cette main qui devait un jour diriger la confection du canal du Ladoga, et jeter les fondemens du port Baltique.

Cependant son père quitta, en 1699, le service de Danemarck pour une commission importante que le prince d'Ostfrise lui donna dans le baillage d'Esens, avec le titre de conseiller intime. C'est de cette nouvelle époque que date le développement des facultés du jeune Munnich.

L'étude des mathématiques ne l'avait pas détourné de celle du latin, ni surtout de celle de la langue française. Rendu à une vie plus sédentaire, il se perfectionna d'abord dans cette langue, qui était déjà la langue de l'Europe. Il avait à peine atteint sa seizième année, lorsqu'il entreprit un voyage en France en passant par la Hollande.

Le siècle de Louis XIV brillait encore de tout son éclat. La France, qui était parvenue au faîte de sa puissance, était la grande école pour les arts de la guerre et de la paix, l'école où la jeunesse de l'Europe venait puiser des leçons dans tous les genres. C'est-là que Munnich tendit avec persévérance au but principal de son voyage, en perfectionnant ses connaissances dans le métier des armes.

Bientôt il s'offrit à lui une occasion brillante de les mettre en pratique. Les horreurs de la guerre venaient de marquer de leur sceau le commencement du dix-huitième siècle. Le sang avait déjà coulé dans le nord; et le midi de l'Europe était armé pour décider une querelle qui devait en faire verser des flots. C'était la succession d'Espagne qui venait de donner le signal des combats. A la cour de France, les gens de l'art avaient distingué les talens peu communs de Munnich. On lui offrit une place d'ingénieur dan l'armée d'Alsace, que commandait le maréchal de Villeroi. Il se rendit à Strasbourg pour en faire les fonctions; mais on commençait à ne plus douter que l'empereur et l'empire ne prissent part à la guerre qui venait d'éclater, et que la division d'Alsace en particulier ne fût destinée à agir contre les Allemands. L'ame du jeune Munnich fut révoltée de l'idée de combattre ses compatriotes. Il renonça au service de France et repassa en Allemagne.

La résolution était hasardeuse. Munnich n'eut cependant pas lieu de s'en repentir. S'étant arrêté pendant quelques jours à la cour de Darmstadt, il y inspira une telle estime pour ses sentimens patriotiques, et pour ses rares connaissances, qu'il fut nommé en 1701, (il avait à peine dix-sept ans) capitaine commandant d'une compagnie. Ici commence sa carrière militaire. Il ne fut pas long-temps sans activité.

La campagne d'Allemagne s'ouvrit en 1702. Les troupes de Hesse-Darmstadt se joignirent à l'armée de l'empire qui assiégeait Landau, sous les ordres de l'empereur Joseph. Munnich concourut à la prise de cette place ; et ce premier succès l'enflamma d'une noble ambition. Comment aurait-elle pu se circonscrire dans le théâtre étroit où le sort l'avait placé ? Pouvait-elle s'accommoder de l'inaction qui l'attendait à la cour de Darmstadt, après la prise de Landau, tandis que les Allemands sous les ordres de leur grand Eugène, cueillaient des lauriers dans les plaines de Hochstett ?

Son père cependant tenait à l'idée de rendre ses talens utiles à l'Ostfrise. Il l'y rappela pour lui faire occuper une place qui le mettait à la tête des ingénieurs de ce pays. Ce ne fut qu'une courte trève pour le jeune héros, qui se sentait appelé à des destinées moins obscures.

Les Français repoussés de l'Allemagne, par la défaite d'Hochstett, avaient encore la supériorité en Italie ; et la conquête de Turin allait la consolider. Les alliés sentirent la nécessité de voler au secours de cette partie de l'Europe ; et d'après leur vœu unanime, Eugène devait en être le sauveur. Parmi les troupes auxiliaires qui d'Allemagne passèrent en Italie, se trouvait un corps de Hessois à la solde de l'Angleterre. Munnich ne peut résister à cette nouvelle occasion de se signaler. Il s'arrache des bras d'une femme aimable et jeune, qu'il avait épousée à Darmstadt peu de mois auparavant (en 1706), et marche, comme major de la garde à pied du landgrave de Hesse , pour concourir avec le corps auxiliaire de ce prince , à la délivrance de l'Italie.

Ce corps toutefois partagea les dangers du général en chef, sans partager sa gloire. Tandis que le prince Eugène faisait lever le siége de Turin , le corps des Hessois , sous les ordres

du prince héréditaire de Hesse, était aux mains
en Lombardie avec une armée française. Il
éprouva une perte considérable dans un combat
sanglant qui se livra entre Castiglione et Goïto;
mais bientôt Eugène victorieux arrive au secours des Hessois, et les Français sont forcés
d'évacuer l'Italie.

Munnich avait combattu à la fatale journée
de Castiglione ; mais aussi il concourut à la
prise des places qui tombèrent successivement
devant l'armée réunie. Il accompagna le prince
Eugène jusqu'à Toulon, qui fut de ce côté le
terme de ses triomphes. La prise de Suse cou-
ronna cette campagne glorieuse pour les armes
allemandes. Munnich alors rentra dans sa patrie, paré d'une portion des lauriers qui venaient d'être cueillis, et enrichi de l'expérience
qu'il avait acquise sous les ordres d'un des premiers capitaines de son siècle.

Les Français avaient quitté l'Italie pour se
porter en Flandre avec d'autant plus d'avantages. Il ne fallut pas moins que les forces réunies
d'Eugène et de Marlborough pour les y vaincre
encore. La bataille d'Oudenarde fut livrée et
gagnée par les deux généraux. Les braves Hessois, avec lesquels servait Munnich, concouru-
rent au succès de cette bataille, et ce fut la

première fois qu'il assista à une grande affaire.

Il se trouva ensuite à la prise des principales villes de la Flandres, de Lille, de Gand, de Bruges, de Tournay. Il se distingua au sanglant combat de Malplaquet, et y mérita le grade de lieutenant-colonel.

Jusques-là il n'avait eu part qu'à des succès, sans éprouver le plus léger accident; mais la dernière campagne des alliés en Flandres leur fut fatale. Le prince Eugène avait tenté en 1712 le siége de Landrecies. Un corps posté près de Denain, sous les ordres du comte Albermarle, protégeait les convois. Il fut attaqué et défait par le maréchal de Villars. Les Hessois tinrent ferme pendant quelque temps, mais enfin succombèrent; et le champ de bataille fut couvert de morts et de blessés. Munnich y avait été renversé d'un coup qui lui fut porté dans le bas-ventre. Déjà on le comptait parmi les morts lorsqu'il donna quelques signes de vie. On pansa sa blessure; et, dès que son état le permit, il fut transporté à Paris comme prisonnier de guerre. Il y éprouva les meilleurs traitemens; de tous côtés il y reçut des prévenances. Il rendit surtout de fréquentes visites à l'illustre Fénélon, qui l'accueillit avec bonté; et dans sa vieillesse il se plaisait encore à se rappeler ses relations avec ce digne prélat. Il avait même retenu par cœur des passages entiers de ses sermons. Il raconta un jour au fameux géographe Busching qu'il avait entendu Fénélon s'exprimer ainsi du haut de la chaire, le jour d'une des fêtes de la Vierge : *Nous célébrons aujourd'hui la fête de la Sainte Vierge ; mais soyez, mes frères, sur vos gardes à l'égard du culte que vous lui rendez, car elle n'est ni divinité ni médiatrice.* Sans doute, ajoutait judicieusement le vieux maréchal Munnich, il n'eût pas employé de pareilles expressions devant ses diocésains de la Flandres, sans courir risque d'être calomnié, qualifié d'hérétique, et maltraité peut-être. Il racontait encore qu'il avait entendu de la bouche de Fénélon ces paroles remarquables, prononcées à l'occasion de la mort de son auguste élève, le duc de Bourgogne : *Dieu n'a pas assez aimé la France pour lui donner un tel roi.*

On se plaît à se retracer ces relations déjà anciennes entre deux hommes distingués de deux pays si différens ; entre deux hommes dont l'un touchait à son déclin et l'autre entrait sur la scène du monde. Ces rapprochemens semblent faire disparaître les distances des temps et des lieux. Mais revenons à notre héros.

Il parvint bientôt à payer sa rançon, et se

hâta de retourner à son corps, qui des Pays-
Bas avait repassé en Allemagne. Il y obtint le
prix que méritaient ses services. On le fit colonel
du régiment d'infanterie de Kettler ; et la paix,
qui fut signée peu de temps après, lui laissa la
perspective de passer doucement ses jours au
sein de sa jeune famille, qui déjà commençait à
croître.

Il n'avait pas été sans activité au service de
Hesse, même pendant les loisirs de la paix. Le
landgrave employa ses connaissances en architecture hydraulique, et le fit présider à la
construction de la nouvelle ville de Carlshaven,
qu'il bâtissait au confluent du Weser et de la
Diemel. L'objet qu'il se proposait était d'attirer
vers ce point une partie du commerce d'expédition, et en même temps d'ouvrir un asile à
quelques huguenots français qui s'étaient réfugiés dans ses états. La nature du sol, l'escarpe-
ment des montagnes, le peu d'étendue de l'espace, tout concourait à rendre l'entreprise difficile. D'ailleurs le terrein, renfermé dans l'angle
que formaient le Weser et la Diemel en se
réunissant, était extrêmement marécageux, et
souvent exposé aux débordemens ; en sorte que
la débacle devait être fort dangereuse pour les
bateaux qui y mouilleraient. Mais le landgrave

Charles aimait le grand , le gigantesque ; et ces obstacles ne firent que l'affermir dans sa résolution. Quelques bataillons furent chargés de dépouiller le terrein des broussailles qui le couvraient, de le combler et de l'exhausser, travaux très-pénibles puisqu'on fut obligé, pour les commencer, de monter par des échelles aux maisons, qui s'élevaient de neuf pieds au-dessus du terrein qu'il s'agissait de combler. Sous la direction de Munnich on creusa le canal qui devait mettre les bateaux à l'abri des débacles , et en faciliter l'entrée et la sortie; et en 1715 on commença la construction du canal. Il n'est pas de notre sujet d'expliquer comment ces travaux entrepris à grands frais et avec intelligence n'eurent pas le résultat qu'on en avait attendu. Il nous suffit de savoir que les écluses de Carlshaven et le canal qui conduit à Grabenstein sont dus aux soins et aux talens de Munnich.

Mais son esprit était trop actif pour se resserrer dans une sphère aussi étroite. Il chercha des objets plus dignes de son ambition. Les circonstances lui en offrirent.

Les traités d'Utrecht et de Rastadt avaient mis un terme à la grande querelle de la succession d'Espagne. Ils avaient déplacé quelques

trônes et changé en grande partie la face du midi
de l'Europe. Mais le nord était encore livré aux
débats qui devaient aussi décider du sort de
plus d'une couronne. Pierre-le-Grand et Charles XII fixaient depuis le commencement du
siècle les regards de l'univers. Le monarque
suédois, attaqué par les Danois, les Polonais et
les Russes à la fois, s'était montré redoutable
pour tous. Auguste avait été précipité du trône
sur lequel l'influence de Charles XII fit asseoir
à la place Stanislas Leczinski. Mais la défaite de
Pultava amena un nouvel ordre de choses. Auguste, les armes à la main, reconquit sa couronne; et Stanislas fut contraint d'aller attendre
au loin des circonstances plus heureuses.

Tel était le théâtre sur lequel, après la paix
d'Utrecht, Munnich aspira à jouer un rôle. Il
passa en 1716 au service d'Auguste II en qualité de colonel. A cette époque la Pologne cessait
d'avoir à redouter des invasions étrangères; et
tant qu'Auguste vivrait, Stanislas n'avait plus
d'espérances à concevoir. Mais les divisions in-
testines n'en devinrent que plus actives dans ce
pays de l'anarchie. D'un côté les Polonais, jaloux
de voir au milieu d'eux des auxiliaires qui leur
portaient ombrage depuis qu'ils ne leur étaient
plus utiles, insistèrent sur l'éloignement de ces

troupes étrangères ; de l'autre, Auguste répu=
gnait à congédier ses fidèles Saxons. Ces dissen-
sions allaient prendre un caractère sérieux, lorsque l'entremise de la Russie fut employée pour y
mettre un terme. Les députés des deux partis
se réunirent à Lublin sous la médiation du général russe Dolgorucki, et ce fut le colonel
Munnich qu'on chargea de veiller à la sûreté
de cette espèce de congrès. On en vint à une
suspension d'armes, qui fut consolidée par le
traité de Varsovie. Les troupes saxonnes quittè-
rent la Pologne, à l'exception d'une garde de
1200 hommes qui fut incorporée à l'armée de la
couronne.

Le roi fut si satisfait du zèle que Munnich
avait déployé dans cette circonstance, qu'en
1717 il le nomma général-major des deux armées de Saxe et de Pologne, et en même temps
inspecteur-général de celle-ci. Dans ce nouveau
poste, Munnich donna aux troupes polonaises
l'organisation qu'elles ont conservée depuis ; et
c'est à lui aussi que la garde de la couronne
doit sa formation. Munnich, en sa nouvelle qualité de premier commandant de cette garde, fut
chargé d'aller recevoir en 1718 l'ambassadeur
turc, Mustapha Taliscy, et le conduisit solennellement à Varsovie. Ce fut aussi lui qui, en

1719, fut à la tête des généraux de l'électorat, lorsque le prince héréditaire (depuis roi sous le nom d'Auguste III) fit son entrée à Dresde avec son épouse.

Ces témoignages de faveur, unis à un traitement annuel de quatorze mille rixdalers, ne pouvaient qu'éveiller l'envie. Déjà son séjour en Pologne avait été troublé par plusieurs petites querelles. Il en eut une beaucoup plus grave avec le colonel Bonnfous (1); et quoiqu'il sortit vainqueur du duel qui en fut la suite, il en résulta pour lui beaucoup de désagrémens. Munnich eut des altercations d'un autre genre avec l'évêque de Plotzk. Le bon droit sans doute était de son côté. Le chef de l'église intervint; et ce fut en sa faveur. Le Saint Père, en le

____

(1) C'était le chef du corps français attaché à la garde de la couronne. « Il m'a poussé à bout, mandait-il à son « père. Nous nous sommes battus. Je me suis trouvé le « premier au rendez-vous ; et en attendant mon adversaire « j'ai nettoyé le terrein des pierres qui auraient pu nous « empêcher de nous joindre. *Lorsque nous nous sommes* « *trouvés environ à trente pas , je lui ai dit : Monsieur ,* « *voilà l'occasion de faire voir que nous sommes de* « *braves gens et des gens d'honneur.* Nos armes char- « gées, nous nous sommes rapprochés à douze pas. Après « avoir ajusté long-temps mon adversaire , j'ai tiré ; et « Dieu en un instant l'a couché sur le carreau, etc. »

recommandant au clergé polonais, l'appelait *son fils chéri;* titre qui ne dut pas moins étonner que flatter un jeune hérétique. Mais Munnich n'eut pas d'ennemi plus déclaré que le comte de Flemming, qui voulait posséder exclusivement la confiance du roi. Son ambition jalouse avait déjà fait quitter le service de Pologne à plusieurs hommes de mérite. Le fils naturel du roi lui-même, si connu depuis sous le nom de maréchal de Saxe, ne put supporter l'arrogance du favori et quitta son pays. Munnich, par la même raison, se décida à renoncer à la Pologne. Il hésita quelque temps entre le service du roi de Suède et celui de Pierre-le-Grand. La mort du premier fixa son indécision. Ce fut du côté de la Russie qu'il tourna ses regards. Ce vaste théâtre lui parut digne de son ambition.

———

CHAPITRE II.

Munnich construit le canal de Ladoga.

Pierre cherchait avec raison hors de son pays des hommes capables de donner la vie au colosse qu'il avait créé. Quelque circonspect qu'il fût dans le choix des étrangers qu'il appelait à y concourir, il fut plus d'une fois trompé dans ses calculs; mais aucun plus que Munnich ne justifia sa confiance.

C'était le ministre russe, le prince Dolgorucki qui le fit connaître de ce prince. Un nouveau système de fortifications qu'avait imaginé Munnich, et qu'il présenta lui-même à Pierre-le-Grand, donna de lui une idée assez avantageuse pour que Dolgorucki fût chargé de lui proposer la place d'ingénieur-général et de lieutenant-général d'infanterie.

Munnich accepta cette offre verbale, et, sans autre garantie que la parole du ministre, il se rendit à Pétersbourg.

Ce fut au mois de février 1721 qu'il parut pour

la première fois sur ce théâtre vaste et dangereux sur lequel il était destiné à jouer un rôle si
brillant. Il avait alors 37 ans ; mais son extérieur qui annonçait le premier développement
de la force, l'air de santé et de sérénité qui animait tous ses traits, le faisaient paraître beaucoup plus jeune. *Quel âge avez-vous ?* C'était
la première question que lui firent tous les ministres et tous les généraux russes. Elle lui fut
répétée par l'empereur. Les formes aimables de
Munnich , le rafinement de ses manières effarouchèrent d'abord la rudesse de Pierre , qui
avait de la peine à concevoir que l'élégance française pût se trouver réunie à un esprit vraiment
militaire. Devait-il, dès le début, placer ce jeune
étranger au-dessus de cette foule d'anciens généraux-majors qui, pendant toute la guerre ,
avaient combattu à ses côtés ? Pierre hésita.
Les promesses du ministre Dolgorucki parurent
ne pas devoir être accomplies de sitôt. Munnich
fut quelque temps sans emploi ; il avait encore
à subir quelques épreuves.

Il était cependant admis à accompagner l'empereur, soit à ses châteaux de plaisance , soit à
l'amirauté, soit surtout au canal de Cronstadt
et au port. Pierre parut vouloir l'éprouver lui-
même , et s'assurer de son mérite. Il lui montra

un projet de fortifications pour Cronstadt. Comme ce projet s'éloignait des principes de Munnich, il en fit un autre par l'ordre de l'empereur; et ce fut le second travail qui le recommanda à ce prince. Mais le brevet de lieutenant-général ne paraissait pas. On lui dit qu'il devait suivre l'empereur à Riga, et que là il apprendrait la détermination de ce prince. Munnich obéit; il assista aux revues, et, par le jugement qu'il porta sur les manœuvres et sur les institutions militaires, il fortifia l'idée favorable que Pierre avait conçue de ses talens. Mais son sort n'était pas encore fixé. Son activité ne se ralentit cependant pas: il examina les fortifications de la ville et de la citadelle de Riga, et, un dessin à la main, il en démontra la faiblesse à l'empereur. Pierre en parut très-satisfait; mais l'heure de la décision semblait toujours différée. Ce que le talent et la persévérance n'avaient pu faire, un coup de tonnerre le fit. On a beau employer tous les moyens qui doivent conduire à un but, on l'atteint souvent par un de ceux auxquels il était impossible qu'on songeât.

Le logement de Munnich n'était pas éloigné de l'église de Saint-Pierre. Le clocher élégant et artistement construit de cette église fixa son attention; et, dans un moment de loisir, il eu dessina le plan. Quelques jours après, la foudre réduisit l'église en cendres : le beau clocher devint la proie des flammes. L'empereur, qui voulait s'en rappeler la forme, en demanda le dessin au magistrat ; le magistrat n'en avait point. Le général-major Jaghushinsky, un des favoris de l'empereur, informé de son désir, se souvint qu'il avait vu chez Munnich un plan de ce clocher. Il court à son logis, trouve le dessin sur sa table, s'en saisit, le roule à la hâte, et dit en l'emportant : *Voilà qui sera bon pour mon maître.* Le jour suivant, Munnich reçut la patente si long-temps attendue. Seulement, pour que l'amour-propre des plus anciens généraux-majors en fût moins offensé, elle fut anti-datée d'un an. Pendant toute cette année, Munnich devait continuer à faire les fonctions de général-major.

Avant de commencer sa nouvelle carrière, Munnich fut encore appelé dans son pays par des affaires de famille. Son père était mort le 14 février 1721, après l'avoir institué héritier de tous ses biens. Son frère aîné, Jean Rodolphe, qui était au service de Danemarck, voulut attaquer le testament. Mais, par un accommodement généreux, Munnich se hâta de se soustraire aux interminables chicanes des tribunaux allemands; et, dans l'automne de la même année, il se retrouva à portée de recevoir les ordres de son nouveau souverain.

A son retour, il fut accueilli avec beaucoup de distinction. La confiance qu'il inspirait à l'empereur fit même des progrès si rapides, que l'envie des nationaux en fut éveillée. *Mais, se demandaient-ils, comment l'empereur peut-il donc traiter si bien ce jeune étranger?* — C'est, leur répondait en souriant le ministre de France Campredon, témoin et confident de leur surprise, *c'est qu'il donne dans l'esprit de Pierre.*

Le czar allait quelquefois jusqu'à faire au jeune étranger des confidences assez étranges. Par le traité de Nystadt, qui termina en 1721 sa guerre de vingt ans avec les Suédois, il avait obtenu des avantages qui dépassaient ses espérances. Il n'aspirait qu'à obtenir un seul port sur la Baltique; et ce traité lui avait procuré des provinces entières le long de cette mer. « Si « les Suédois, disait-il un jour à Munnich, m'a « vaient remis à moi seul le soin de faire la paix, « je leur aurais accordé davantage; mais les « choses en étant venues à des négociations, je « les ai abandonnés aux artifices de mes minis « tres. — J'ai fait, ajouta-t-il, la guerre pendant « vingt ans sans contracter de dettes; si j'étais

« forcé de la faire vingt autres années encore,
« je le pourrais sans m'endetter. »

La prépondérance de la Russie sur la Suède,
était décidée pour jamais; et dans une des provinces que Pierre venait d'enlever à son ennemi,
s'élevait déjà majestueusement, au bord de la
Newa, la ville qui, d'après ses vastes plans,
devait devenir la dominatrice du Nord. Il avait
surtout en vue de lui donner une grande consis-
tance par le commerce et la navigation ; mais,
pour y parvenir, il fallait rendre parfaitement
navigable cette rivière, la Newa, qui s'échappait
du lac Ladoga, et qui, à Pétersbourg même,
entrait dans la Baltique. Une chute, à l'endroit
où elle recevait la Tosna, opposait un grand
obstacle au passage des navires. Il s'agissait de
faire disparaître cette chute par une écluse, et
d'ouvrir une route au-dessous des deux rives de
la Newa, depuis le lac Ladoga jusqu'à la mer.
Tel fut le premier travail que Pierre confia aux
talens de Munnich; il y en joignit un second. Ce
prince, pénétré de l'idée de donner de la solidité
et du développement à la puissance maritime de
la Russie, dont il était le créateur, cherchait
un port spacieux qui pût remplir ses vues. Il
n'y avait point de golfe qui fut, en grandeur, en
profondeur et en sûreté, comparable à celui de

Roggerwik, en Esthonie, situé à 44 werstes (1),
à l'occident de Revel, à l'endroit où le ruisseau
Padis tombe dans la mer. Mais, pour en faire
un port et le fortifier, il fallait des travaux d'une
exécution difficile. Munnich, qui, pendant son
séjour à Riga, avait porté un coup-d'œil observateur sur la contrée, fit, par les ordres de l'empereur, le plan de ce port, auquel on donna
dans la suite le nom de *Port Baltique.*

Pierre venait de faire une expédition en Perse.
A son retour, en passant par Moscow, il prononça plusieurs sentences sévères contre un
grand nombre de serviteurs infidèles ou inca-
pabl.s ; mais il se montra fort satisfait de Munnich, qui se trouvait alors dans cette ville, et il
déclara que c'était là l'homme dont le zèle et les
talens lui répondraient de l'accomplissement
d'une grande entreprise. C'était celle du canal
de Ladoga qui, à cette époque, lui tenait plus
à cœur que toutes les autres.

Pour faire de Pétersbourg le principal entre-
pôt du commerce de la Russie, ce n'était pas
assez de faciliter la navigation de la Newa. Il

---

(1) Il faut environ 4 werstes 1 cinquième pour la lieue
de France , de 25 au degré. 44 werstes font donc 8 à 9
lieues.

fallait aussi s'occuper des moyens de faire aboutir avec sûreté à cette rivière les diverses marchandises, les grains, le sel, les bois de construction, etc., qui, par différentes routes, arrivaient de la Perse, d'Astracan et de Casan, à
travers la mer Caspienne. La plupart de ces
marchandises étaient apportées par la rivière de
Wolchowa, qui se réunit au lac Ladoga, environ 100 werstes plus haut que la Newa. Pour
aller d'une de ces rivières à l'autre, il fallait que
les navires traversassent ce lac dans une grande
dimension; traversée dont la longueur était encore augmentée par la nécessité de tourner autour d'une langue de terre qui s'avance dans
le lac, et qui ne laisse pas d'être périlleuse : car
le lac est rempli de sables mouvans que les
coups de vent poussent souvent çà et là avec
beaucoup de violence, et qui diminuent beaucoup la profondeur de l'eau le long des côtes.
Cette navigation était donc extrêmement dangereuse pour ces bâtimens plats des Russes qui
arrivaient de diverses rivières ou de lacs plus
petits, et qui étaient conduits par des matelots
fort peu experts. Il en résultait que les commerçans alarmés n'osaient se livrer aux spécu-
lations d'importation, et que la capitale de l'empire était souvent exposée à la disette.

On avait recherché long-temps un moyen de remédier à ces grands inconvéniens, et on n'en avait trouvé qu'un seul qui pût être efficace ; c'était de construire un canal qui réunît la Wolchowa à la Newa, et épargnât aux navigateurs la nécessité de traverser le redoutable lac.

Mais c'était une épineuse entreprise que celle de creuser un canal de 14 à 15 milles d'Allemagne. Le génie de Pierre n'en fut pas effrayé ; il en commença l'exécution dès l'année 1719, et avant même que la paix de Nystadt lui eût assuré la possession de ses conquêtes. Le 22 mars de cette année, après avoir consacré l'ouvrage par des prières publiques, il remplit lui-même de terre une brouette, et la conduisit à l'endroit où devait s'élever la digue du canal projeté. Le général-major Grégoire Pisarew, qui avait étudié les mathématiques à Berlin, aux frais de l'empereur, en obtint la direction sur la recommandation du prince Menzikow. Vingt et quelques mille ouvriers, la plupart Cosaques et Calmoucks, furent destinés aux travaux, et on n'épargna aucune dépense pour assurer leur succès.

Au retour de l'empereur à Moscow, une de ses premières questions fut celle-ci : *Où en est le canal de Ladoga ?* Il témoigna de l'humeur en apprenant qu'à commencer des bords du lac il n'y en avait encore que 12 werstes d'achevées. *Il faut en confier la direction à un autre*, reprit-il brusquement. *Dites-moi*, ajouta-t-il en s'adressant au général d'artillerie Bruce, *quel est celui que vous en croyez le plus capable?* — *C'est Munnich*, répondit le général sans hésiter; et à l'instant Munnich fut appelé auprès de Bruce.

Une des plus grandes objections qu'on opposât à la confection du canal, était que les petites rivières de Nasia, Lawa et Cabona qui devaient y porter leurs eaux, chariaient trop de sables, et que le canal ne pouvait manquer d'en être bientôt obstrué. On présenta cette difficulté à Munnick, et on lui demanda s'il n'en croyait pas moins l'entreprise exécutable. Il répondit qu'il se faisait fort de diriger les rivières et les autres eaux par des écluses, de façon que le sable n'entrerait pas dans le canal; mais quant à l'exécution complète du projet, *j'ai besoin*, dit-il, *d'un examen plus approfondi pour avoir une opinion.*

Ce fut pour se livrer à cet examen, que, d'après l'ordre de l'empereur, il se rendit sans délai sur les bords du lac. La principale observation qu'il fit, ce fut que les eaux du lac, indépendamment de la sécheresse et de la pluie, et par des causes inconnues, s'élevaient ou s'abaissaient souvent de trois pieds, tandis que celles des rivières qui s'y rendaient, se maintenaient à leur hauteur or-dinaire.

Lorsque Munnich fit part de cette observa-tion à l'empereur, il y eut parmi les ingénieurs consultés, diverses opinions sur le meilleur moyen de construire le canal; et l'empereur chargea vainement une commission de les ra-mener à un même avis. Chacun d'eux persista dans le sien, même après qu'on eut, jusqu'à trois reprises, et avec des peines incroyables, nivelé le terrein que le canal devait parcourir. Pisarew, l'un des commissaires, opina pour qu'on laissât les douze werstes. déjà creusées comme elles étaient; c'est-à-dire de la hauteur qu'avait le lac en 1723, et même pour qu'on n'y employât pas d'écluses. D'ailleurs, il pensa que pour diminuer les frais du creusement du reste du canal, on pouvait l'élever de deux *ars-chines* (1) au-dessus du niveau ordinaire de l'eau, et ne creuser qu'une arschine plus bas que celle du lac, enfermer ensuite le canal en-tre deux écluses, pour forcer l'eau de monter

---

(1) Il faut 14o.64 arschines de Russie pour 100 mètres de France. Cette mesure a été fixée par Pierre-le-Grand à 2 pieds 6 pouces 6 lignes 3/1o.

au niveau de l'horizon. Un autre membre de la commission prétendit qu'il fallait donner à tout le canal la même profondeur qu'avaient les douze premières werstes, le contenir entre deux écluses, et en élever ainsi les eaux d'une arschine au-dessus de leur niveau ordinaire. Quant à Munnich il soutint qu'on devait absolument se régler d'après la profondeur naturelle du lac et des rivières, et même, si l'on ne voulait pas faire des dépenses en pure perte, donner au reste du canal la même profondeur que celle des douze werstes déjà creusées. Car, ajoutait-il, outre que les levées du canal que l'on construit au-dessus de l'horizon d'un sol marécageux seraient souvent exposées à se rompre, les petites rivières de Nasia, Lawa, Kabona et les autres, n'auraient pas assez d'eau en été pour alimenter un canal qui devait avoir 92 werstes de long sur dix coudées de large, et 7 pieds de profondeur. Si l'on suivait donc les avis des deux commissaires avec lesquels il était en opposition, le canal selon lui se trouverait à sec en été ; et si on laissait ces travaux sans écluses, on aurait le même risque à courir pour les 12 premières werstes, toutes les fois que les eaux du lac tomberaient à sept pieds.

A la vue de cette dissonance dans les opinions,

l'empereur pensa qu'il fallait porter la question à la décision du sénat. Les autres commissaires, par déférence sans doute pour le redoutable et tout-puissant Menzikow, crurent devoir adhérer à l'avis de son protégé Pisarew; et Menzikow lui-même appuya cet avis auprès du sénat. *Munnich*, dit-il de ce ton péremptoire qui lui était familier, *peut être un bon militaire, mais je ne le crois pas propre à présider à la construction du canal de Ladoga.* Les sénateurs gardèrent d'abord un silence circonspect, et finirent par déclarer qu'ils n'étaient pas en état de prononcer sur la question. *En ce cas,* s'écria l'empereur, *il faut donc que j'en juge par moi-même. — C'est ce que nous desirons tous,* répliquèrent-ils unanimement.

Dans le même automne, Pierre exécuta sa résolution, quoique déjà il s'aperçût de l'affaiblissement de ses forces. Il se rend à l'endroit où la Newa s'échappe du lac Ladoga; et là, il monte à cheval et s'enfonce, non sans beaucoup de difficultés, dans les marais adjacens. La situation de Munnich était épineuse. Décrié par Pisarew comme un calomniateur, en butte à l'envie de Menzikow, à celle de beaucoup d'autres, il sentit que sa fortune ou sa disgrâce dépendait du résultat de ce voyage. Se confiant toutefois dans la bonté de sa cause et dans la sagacité de l'empereur, il le suivit en pleine assurance. En marchant constamment à ses côtés, il le convainquit, par ses propres yeux, de l'impossibilité d'établir dans des marais un canal de sept à neuf pieds au-dessus de la surface ordinaire de l'eau. Pierre finit par s'écrier : *Oui, je le vois, Munnich, vous êtes un digne homme.* Il prononça ces paroles en hollandais; ce qui persuada encore plus à Munnich qu'elles étaient bien sincères, parce qu'elles lui parurent porter dans cette langue un caractère de familiarité qu'elles n'auraient pas eu pour lui, si Pierre s'était exprimé en russe, et de manière à être entendu de tout le monde.

Le jour commençait à tomber, lorsque l'empereur arriva, bien fatigué, au village de Tshorna, où il passa, sous une mauvaise tente, une nuit qui était assez fraîche. L'objet le plus important de la visite qu'il venait faire, n'était pas encore rempli; et Pisarew, qui le savait fort bien, avait ses raisons pour désirer que l'empereur ne poussât pas plus loin ses observations, et ne pût se convaincre par ses propres yeux de l'imperfection des travaux qui avaient été entrepris du côté de la Dubna. Il fut fidèlement servi dans ses vues par le médecin de l'empereur,

Blumentrost, qui, d'un air empressé et sou-
cieux, alla trouver Munnich, et lui dit : *Il serait dangereux de conduire l'empereur plus
avant. Il ne peut aller là qu'à cheval, et il est
faible. Et si, après tout, il ne trouvait pas les
choses telles que vous les avez représentées, il
pourrait vous en mésarriver, monsieur. Prenez
garde à ce que vous allez faire.*

Mais Munnich savait très-bien *ce qu'il faisait.*
Pour empêcher que le médecin ne le devançât,
il se garda bien de le contredire ; au contraire,
il l'invita à se rendre avec lui chez l'empereur.
Ils le trouvèrent sur le point de s'habiller. *Dieu
soit loué !* lui dit Munnich en l'abordant, *que
V. M. ne répugne pas à prendre la peine de voir
le canal par elle-même. Elle saura aujourd'hui
à quoi s'en tenir. V. M. n'a encore rien vu. Pour
qu'elle puisse donner des ordres convenables
pour la continuation du canal, il est indispensa-
blement nécessaire qu'elle veuille bien se porter
jusqu'à la Dubna. — Et pourquoi ?* lui demanda l'empereur, encore fatigué, et d'un air
qui annonçait peu de dispositions à continuer
le voyage ; *pourquoi ? — Parce que,* répondit
Munnich sans se déconcerter, *tout ce qu'on a
fait depuis les premières douze werstes jusqu'à
Beloserko, ne peut rester tel qu'il est, et doit

être entièrement changé ; c'est ce dont V. M. doit acquérir la certitude par ses propres yeux : car les changemens à faire entraîneront de grandes dépenses ; et si V. M. ne s'est pas convaincue par elle-même qu'elles sont absolument nécessaires, l'homme, quel qu'il soit, qui sera chargé de ces travaux, est un homme perdu. — *Qu'on m'amène mon cheval,* dit aussitôt l'empereur ; *je veux aller à la Dubna.* — *Dieu soit loué !* s'écria Munnich, bien persuadé qu'il touchait au moment de son triomphe.

On ne peut qu'admirer également et le particulier encore obscur qui est capable d'une pareille persévérance, et le souverain qui la souffre et finit par s'y rendre. Ces détails minutieux en apparence peignent mieux Pierre-le-Grand, que des récits de batailles et de négociations.

Avant d'arriver à la Dubna, l'empereur put voir déjà la partie du canal qui, d'après les plans de Pisarew, devait être regardée comme terminée. Il observa avec humeur ces *ouvrages pitoyables.* Puis, descendant de cheval et se couchant à plat contre terre, il fit voir à Pisarew avec la main, que les bords du prétendu canal s'éboulaient de toutes parts ; que le lit n'en était pas d'une profondeur égale ; qu'il formait des

3 *

sinuosités inutiles; qu'en tel endroit il manquait une levée, etc., etc. *Gregori!* (c'était le nom de baptême de Pisarew) *Gregori !* lui dit l'empereur avec un commencement de sévérité, *il y a deux espèces de fautes : la première, c'est quand on pèche par ignorance ; la seconde, et la plus grave, c'est lorsqu'on ne fait pas usage de ses cinq sens. Pourquoi les bords de ce canal ne sont-ils pas contenus ? pourquoi fait-il tant de détours ? — C'est à cause des collines,* répondit Pisarew en tremblant. L'empereur se relève, regarde autour de lui, et demande : *Où sont-elles donc ces collines ? Vraiment, tu n'es qu'un drôle.* Chacun crut qu'en ce moment l'empereur allait battre Pisarew ; et le pauvre Gregori n'eût pas demandé mieux : il en eût conçu plus facilement l'espoir d'obtenir son pardon. Mais Pierre ne lui donna pas cette consolation ; il se contint.

La victoire de Munnich fut dès-lors complète. La canal fut continué d'après ses plans, et dès l'année suivante (1724) il y en eut quatre werstes entièrement terminées. L'empereur alla voir avec complaisance ces nouveaux travaux. Il se fit donner une pelle ; Munnich en prit une autre, et les voilà travaillant ensemble à percer la levée qui empêchait l'écoulement de l'eau

dans le nouveau canal. Il témoigna sa satisfaction à Munnich de toutes les manières, de vive
voix et par écrit. Trois mois avant sa mort,
lorsqu'il retournait de Staraja-Russa à Pétersbourg par-dessus le canal, l'impératrice lui demanda des nouvelles de sa santé, qui commençait à être chancelante, et reçut cette réponse :
« *Les travaux de mon ami Munnich m'ont guéri.
J'espère vivre encore assez pour m'embarquer
avec lui à Pétersbourg, et aborder au jardin de
Golofkin à Moscow* ».

Le lendemain du triomphe de Munnich, l'empereur l'emmena au sénat. — *J'ai trouvé*, dit-il
aux sénateurs, *l'homme qui achevera le canal
de Ladoga, et qui l'achèvera bientôt. Je n'ai
pas encore eu à mon service un étranger qui,
comme lui, se soit entendu à concevoir de
grandes entreprises et à les exécuter. Vous au-
rez désormais à faire tout ce qu'il vous com-
mandera.* Lorsque l'empereur se fut retiré, un
de ses favoris, le procureur - général Jaghu-
finsky, dit à Munnich : — *Monsieur le général,
à présent nous dépendons de vos ordres.*

A dater de ce jour, vingt-cinq mille travailleurs furent constamment à la disposition de
Munnich ; et Pierre voyait avec une vive satisfaction les progrès de son canal, qui, comme il

le répétait souvent, devait porter des subsistances
à Pétersbourg et à Cronstadt, des bois de construction à la flotte, et faire fleurir le commerce
de la Russie avec le reste de l'Europe. Mais ce
grand homme n'était pas destiné à jouir complètement de cette création de son génie. Il mourut
peu de mois après, le 28 janvier 1725 (1).

« *Notre père est mort*, s'écria la garde Preo-
brashenski ; *mais notre mère vit encore :* » et la
veuve de Pierre, Catherine, fut proclamée impératrice. Munnich devait être inquiet sur son
sort ; Menzikof était son ennemi personnel.
Cette inimitié, il est vrai, ne lui avait pas nui
sous le règne de Pierre-le-Grand ; mais pouvait-
il se flatter qu'elle ne lui serait pas funeste sous
celui de Catherine ? Menzikof n'avait pas oublié, sans doute, qu'en dépit de son crédit et
de la parole qu'il avait donnée, Munnich avait
fait triompher son opinion particulière, et avait
osé entraîner la conviction de son souverain.
En effet, aussitôt après la mort de Pierre-le-
Grand, quelques obstacles furent opposés à la
construction de ce canal, objet de leur rivalité;
mais Catherine, qui s'était fait une loi sacrée

____

(1) Nous avons emprunté ces particularités de Busching,
qui en tenait une grande partie de la bouche même de
Munnich.

d'achever ce que son auguste époux avait commencé, protégea Munnich, et les travaux du canal furent continués.

Munnich reçut de plus grands encouragemens encore du successeur de Catherine, de Pierre II. Il put d'ailleurs poursuivre son entreprise avec d'autant plus de sécurité, que son ennemi Menzikof était tombé dans la disgrâce; et les progrès des travaux furent si rapides, que, dès le 12 juin 1728, la navigation du canal put s'ouvrir.

En peu de temps Munnich obtint presque toutes les récompenses dont les souverains sont les dispensateurs. Catherine l'avait décoré de l'ordre d'Alexandre Newski. En 1727, il fut général d'infanterie; et l'année suivante, Pierre II l'éleva au rang de comte de Russie, et lui confia le gouvernement de Pétersbourg, de l'Ingrie, de la Carélie et de la Finlande; mais le témoignage le plus flatteur de la confiance illimitée qu'il avait inspirée à l'empereur, fut un acte en vertu duquel il fut mis à l'abri de toute responsabilité et de toute reddition de compte eu égard à l'inspection du canal. C'était rendre à la fois justice à sa probité et à ses talens; de pareils hommages sont rares dans tous les pays, et nulle part on ne les obtient sans de véritables titres à l'estime.

Les Russes appellent le règne trop court de

Pierre II , *leur âge d'or*. Sa mort prématurée (arrivée le 19/30 janvier 1730) n'interrompit cependant pas les progrès de la grandeur de l'empire russe. Anne Iwanowna, fille d'un frère de Pierre-le-Grand, marcha sur les traces de ses prédécesseurs ; et on peut dire que ce sont les hauts faits de notre héros qui contribuèrent surtout à jeter de l'éclat sur son règne.

Munnich n'avait pris aucune part au projet qu'avait conçu le prince Gallitzin , de borner, par une capitulation, l'autorité de la nouvelle impératrice. Il avait pressenti, ainsi qu'Ostermann , ce que Gallitzin reconnut trop tard, en s'écriant : *Le banquet était préparé ; mais les convives n'en étaient pas encore dignes.*

Anne brisa, sans efforts , les faibles entraves qu'on avait voulu lui imposer ; et après s'être délivrée d'un conseil d'état abhorré, elle donna au général Munnich une confiance sans bornes.

Ce fut d'après son conseil, qu'elle transporta sa résidence de Moscow à Pétersbourg ; qu'elle replaça Ostermann à la tête des affaires, et qu'elle forma un cabinet secret, dans lequel Munnich obtint la quatrième place à côté d'Ostermann, du grand-chancelier comte Golofkin (qui mourut dès le commencement de l'année suivante), et du conseiller intime actuel, le prince Czerkaskoï.

Les affaires relatives au militaire furent en-tièrement abandonnées à la direction de Mun-nich. Il fut créé grand-maître de l'artillerie, et bientôt après (ce qu'il était déjà, par le fait, depuis quelques années), président du collége de la guerre. De cette hauteur il pouvait porter ses regards sur tous les détails de la constitution militaire de la Russie, et une vaste carrière d'améliorations s'ouvrit devant lui. Il conçut le plan d'une nouvelle ordonnance, tant pour les gardes que pour les régimens de campagne et de garnison, sans oublier la milice de l'Ukraine. Son plan, qui fut approuvé par une commis-sion soumise à sa direction, obtint bientôt force de loi. Il établit, ce dont il n'y avait pas encore d'exemple en Russie, un corps de cavalerie pe-sante, sous le nom de *Cuirassiers*. On a douté que cette institution fût d'une utilité propor-tionnée aux dépenses qu'elle entraîne ; car les chevaux du pays n'étant pas propres à ce ser-vice, à cause de leur faiblesse, il fallut y em-ployer ceux qu'on fit venir à grands frais de l'étranger.

Mais la Russie doit au général Munnich un autre établissement dont l'utilité n'est pas con-testée. Pour former des officiers capables, on fonda, en 1732, à Pétersbourg, sous sa direction,

une académie de cadets pour le service de terre,
dans laquelle le logement, la nourriture et l'instruction sont donnés à de jeunes gentilshommes
Russes et Livoniens, ainsi qu'aux fils d'officiers
étrangers qui ont servi en Russie. Le vaste palais
du prince Menzikof, qui était devenu propriété
de l'état, fut destiné à cette école militaire. Trois
cents élèves y trouvèrent place avec leurs insti-
tuteurs, leurs commandans, etc.

Une des principales défectuosités de la constitution militaire de Russie, c'était la différence
qui existait, quant à la solde, entre les divers
corps dont se composait l'armée. Les nationaux
en avaient une beaucoup moins forte que les
étrangers; et il n'y avait pas même à cet égard,
parmi ceux-ci, une parfaite uniformité. Comme
si le climat eût diminué le prix des hommes, de
même qu'il atténuait la valeur des productions
du sol, ceux dont les pères ou les grand-pères
s'étaient déjà établis en Russie, étaient moins
favorisés que les étrangers qui y étaient venus
récemment prendre service. Munnich représenta avec force l'injustice et les fâcheux résultats de cette espèce de mépris avec lequel les
enfans de la patrie étaient traités. Il fut écouté.
Les Russes furent admis à l'égalité qu'il réclamait pour eux; et cette heureuse intercession
lui valut leur affection pour long-temps.

L'impératrice le récompensa par le grade de général-feld-maréchal de ses armées. Mais ce qui dut le flatter encore davantage, ce fut le suffrage du prince Eugène, sous lequel il avait fait ses premières armes, et auquel il soumit les mesures qu'il avait prises. La réponse que lui fit cet illustre appréciateur de tout ce qui tenait au militaire, nous a été conservée par Busching, et ne sera peut-être pas déplacée ici. Elle est écrite en français.

MONSIEUR,

« Nonobstant que M. le comte de Wratislau
« aura témoigné à V. E. plus d'une fois de ma
« part, la justice que je rends à son mérite,
« j'embrasse avec un plaisir infini l'occasion que
« me fournit la lettre qu'elle m'a fait l'honneur
« de m'écrire le 19 du mois passé, pour assurer
« V. E. moi-même de la sincérité de ces senti-
« mens et de mon empressement à lui marquer
« mon estime, qui ne saurait être plus par-
« faite. Je suis très-obligé à V. E. du détail
« qu'elle a voulu me faire de ses dispositions
« militaires : des arrangemens si utiles ne peu-
« vent produire qu'un très-heureux effet ; et sa
« majesté czarienne ne pouvait choisir, pour

« leur exécution, un chef plus zélé ni plus ca-
« pable de s'en acquitter. L'intérêt que l'on
« prend ici à la gloire et aux avantages de cette
« digne princesse est trop connu à votre V. E.,
« pour qu'elle puisse ne pas être persuadée du
« plaisir que S. M. I. a eu d'apprendre ce dé-
« tail. Je suis avec une considération très-
« parfaite,

Monsieur,

De votre Excellence,
très-humble et très-obéissant
serviteur,

Signé, EUGÈNE DE SAVOYE.

Prague, ce 18 *avril* 1732.

La sphère des occupations du général Munnich s'était fort étendue; mais elle n'avait pas
détourné sa vigilance de son entreprise favorite,
la construction du canal de Ladoga. Elle fut
consommée, après treize ans de travaux, en 1732;
et Munnich eut la satisfaction de faire parcourir
à l'impératrice, accompagnée de sa brillante
cour, le canal entier à travers les trente-deux
écluses. Le yacht de la souveraine, magnifiquement décoré, était escorté par quatre-vingts em-

barcations. Ce voyage par eau avait touce la
pompe d'une marche triomphale; et il n'était
que trop visible à tous les yeux, que Munnich
était le triomphateur. Il en fallait moins pour
éveiller l'envie. La gùerre vint à propos pour
l'arracher aux complots de ses ennemis.

CHAPITRE III.

Munnich pacifie la Pologne.

OSTERMANN avait profité du crédit de Munnich pour se faire porter à la tête des affaires. Ce crédit lui devint odieux dès qu'il eut atteint son but; et, suivant l'usage des cours, il médita la perte de son bienfaiteur. Mais ce n'était pas sans de grandes difficultés qu'il pouvait réussir à l'opérer. Le fameux Biren (plus connu sous le nom de Biron) était alors tout-puissant; et son entremise était le seul moyen d'acquérir quelque crédit auprès de l'impératrice Anne.

Ernest-Jean de Biron était un Courlandais qui, pendant long-temps, avait inutilement brigué une place à la cour de la femme du jeune Alexis, fils du czar. Il avait été plus heureux à celle de la duchesse Anne de Courlande. C'était Bestuchef, grand-maître de cette princesse, qui le lui avait présenté. Son extérieur agréable et son esprit orné lui avaient concilié la confiance de la future souveraine. Bientôt il avait

écarté celui à qui il devait tout ; et lorsque Anne monta sur le trône impérial, il sut tellement s'assurer de sa faveur, qu'il parvint par degrés aux plus éminentes dignités de l'empire. Ce courtisan frivole, duquel le ministre de l'empereur disait avec plus d'amertume que de vérité : *quand il est question de chevaux, Biron parle comme un homme; mais quand il s'agit des hommes, il parle comme un cheval;* ce courtisan, si peu capable en apparence, était devenu un homme d'état qui, en dissimulation, pouvait le disputer à Ostermann lui-même, tout habile que fût celui-ci dans cet art. Plein de fierté et d'ambition, Ostermann persécutait de sa haine implacable quiconque menaçait de porter atteinte à son autorité. Il ne méconnaissait cependant pas le talent. Il avait mis le génie de Munnich à profit, et n'avait osé, sans son conseil, conclure aucune affaire de quelque importance. Il devait, avant tout, inspirer des préventions à Biron contre Munnich ; et rusé comme il l'était, il ne pouvait que très-bien remplir cette tâche. Il donna à entendre au favori « que Munnich était un homme dange-
« reux; qu'il s'immisçait dans toutes les affaires;
« que de tous côtés il savait se rendre néces-
« saire. Il est visible, ajoutait-il, qu'il aspire à

« posséder exclusivement la faveur de l'impé-
« ratrice. Cet homme ambitieux n'aura pas de
« repos qu'il ne nous ait mis de côté l'un et
« l'autre pour s'emparer de tout le pouvoir ».

Ces insinuations furent commentées, avec une
adresse perfide, par le colonel Lœwenwolde,
favori de Biron, qui voyait dans le crédit de
Munnich un obstacle à son avancement militaire. En effet, disait-il, comme cédant à regret
à la conviction, « Munnich ne prend plus la
peine de déguiser ses vues. Il s'explique publiquement avec irrévérence sur le favori de
l'impératrice ». Ces propos étaient recueillis et
propagés. Des espions gagés étaient chargés de
surveiller Munnich, que la sécurité empêchait
d'être circonspect. La méfiance de Biron s'en accrut; et bientôt il fut persuadé que pour sa propre conservation, éloigner de l'impératrice ce
redoutable rival, était d'une nécessité absolue.

Munnich, qui avait un logement dans le voisinage de la souveraine, reçut tout à coup l'ordre de le céder à la princesse Anne de Mecklenbourg, nièce de l'impératrice, et d'aller en occuper un autre au-delà de la Newa. Vainement
sollicita-t-il quelques délais pour pouvoir transporter ses effets plus commodément. On insista
sur la prompte exécution de l'ordre qui lui avait

été intimé, et Munnich obéit. Il fut assez prudent pour dissimuler sa sensibilité tant aux yeux de Biron qu'à ceux d'Ostermann. Des amis communs intervinrent. Les triumvirs d'ailleurs se considéraient réciproquement. Chacun d'eux avait la conviction secrète que le concours des deux autres était nécessaire à la conservation de l'ensemble; et ces diverses causes prévinrent, pour le moment, une rupture ouverte. D'ailleurs il s'offrit précisément à cette époque une très-belle occasion d'éloigner d'une manière honorable, l'homme redouté de tous les deux. La guerre venait de se déclarer.

La mort d'Auguste II, roi de Pologne, avait réveillé l'esprit de parti qui était comme naturalisé dans ce pays; et la Pologne allait devenir de nouveau le théâtre des intrigues des principales cours de l'Europe. Les prétendans au trône vacant étaient le même Stanislas Leczinsky qu'on en avait déjà repoussé, et le fils du dernier roi, Auguste, électeur de Saxe. Ce n'était pas les voix que chacun des deux rivaux avait pu se procurer, qui devaient décider entre eux. C'était bien plutôt le développement des forces des grandes puissances. Dans l'intervalle, Louis XV avait épousé la fille de Stanislas : il ne pouvait pas se dispenser de prêter quelque

secours à son beau-père. De son côté, l'électeur
Auguste se rangea sous la protection de l'Autriche et de la Russie, en reconnaissant la pragmatique-sanction de l'empereur Charles VI, à
laquelle la maison d'Autriche attachait tant d'importance. Il s'était assuré qu'elle ne lui refuse-
rait pas son appui; mais il ne tarda pas à se
convaincre qu'il lui fallait surtout obtenir celui
de la Russie, dont le voisinage lui garantissait
une prépondérance que rien ne pouvait ba-
lancer; mais la chose n'était pas aussi facile
qu'elle lui paraissait desirable. La Russie, en
s'immisçant dans les affaires de Pologne, pouvait non-seulement provoquer les armes de la
France, mais aussi s'exposer à une guerre plus
dangereuse de la part des Turcs, qui devaient
regarder son intervention comme une violation
de la paix conclue par Pierre - le - Grand, au
bord du Pruth : car l'article 3 de ce traité portait textuellement qu'aucune des deux parties
contractantes *ne se mêlerait des affaires de la
Pologne.* Mais l'ambition de Biron fit lever
toutes ces difficultés. Il aspirait au duché de
Courlande. Auguste promit qu'il le soutiendrait
dans ses prétentions s'il obtenait le trône de
Pologne, et Anne décida qu'Auguste serait roi.

Le général russe, Lascy, entra en Pologne

avec vingt mille Russes ; et Stanislas qui venait à peine d'y paraître, se retira rapidement à Dantzig, la seule place forte du royaume qui fût capable de faire quelque résistance.

Depuis long • temps cette ville ne tenait à la Pologne que par l'espoir, toujours trompé, d'en être protégé, et ces relations si vagues, si peu dignes d'être cultivées, firent son malheur. Ses habitans, encouragés par la présence du bienveillant, de l'estimable Stanislas, et par les promesses pompeuses de l'envoyé français, M. de Monti, qui y résidait, se décidèrent à tout risquer plutôt que d'abandonner un roi qui s'était jeté dans leurs bras. C'est ce qu'ils déclarèrent lorsque Lascy, au commencement de février 1734, se présenta devant leurs murs avec environ douze mille Russes. Lascy ne tarda pas à s'apercevoir que son armée ne suffisait pas pour emporter une aussi grande ville, défendue par trente mille combattans. A la cour de Pétersbourg on s'était flatté d'une conquête prompte et facile. Ce délai, auquel on ne s'attendait pas, déplut ; mais il servit au mieux la méfiance que Biron avait conçue contre Munnich, et lui fournit un prétexte plausible de l'éloigner de Pétersbourg. « *De quel autre*, dit-il à l'impératrice *,* avec le ton de l'intérêt affectueux, *de quel autre* *que de notre Munnich pouvons-nous attendre la rapide conclusion de cette guerre ?* » Aussitôt Munnich fut nommé généralissime des troupes russes en Pologne ; et pour compléter la preuve qu'on le traitait comme un homme en faveur, en lui expédiant l'ordre d'attaquer Dantzig *avec la plus grande vigueur,* on le décora de l'ordre de Saint-André.

Cet ordre péremptoire doit-il servir d'excuse au manifeste violent par lequel Munnich débuta en se présentant devant Dantzig. Il y menaçait les habitans, *s'ils persistaient dans leur opiniâtreté, de ravager leur ville et de faire expier aux enfans et aux petits enfans le crime de leurs pères.* Il semble que l'arrogance la plus impérieuse peut seule dicter un langage aussi révoltant, et que le succès même ne suffit pas pour en absoudre. Quoi qu'il en soit, les habitans de Dantzig, pleins de confiance dans le corps auxiliaire des Français qui s'approchait pour les délivrer, et dans l'armée polonaise qui se rassemblait, se rirent de la menace. Mais cette armée polonaise qui n'était forte que de douze mille hommes, fut battue le 20 avril près de Wuicezina, et le fut par quatre mille deux cents Russes ; et on ignorait quand arriverait la flotte française, et quel serait le nombre des combattans

qu'elle devait porter. En attendant, la ville se
défendait avec courage. On y jeta des bombes
qui y firent peu de dégâts ; on s'empara de quelques redoutes ; mais une attaque qui pouvait
être décisive, et qu'on tenta avec beaucoup
d'audace, celle du *Hagelsberg*, échoua complètement ; et ce fut, comme il arrive quelquefois à la guerre, par un événement imprévu.

Les trois mille hommes commandés pour l'assaut du Hagelsberg, et qui devait être appuyés
par cinq mille autres déjà tout préparés pour
cet objet, s'étaient portés sans bruit au lieu du
rendez-vous, et precisément à minuit, qui était
l'heure indiquée. L'assaut fut donné, et déjà
une batterie de sept pièces de canon avait été
heureusement emportée, lorsque tout à coup
les attaquans furent arrêtés dans leurs progrès.
Le hasard voulut que les premières décharges
tuassent ou missent hors de combat les principaux officiers et les ingénieurs qui conduisaien
l'assaut. Il en résulta du trouble : aucun ordre
n'avait été donné pour un cas qu'on n'avait pu
prévoir. Quelque part que l'on conduise le soldat russe, il marche ; cesse-t-il d'être conduit,
il s'arrête. C'est ainsi que les attaquans restèrent
abandonnés à eux-mêmes, et immobiles pendant trois heures de suite, dans la redoute qu'ils

avaient enlevée. Le feu terrible de la place faisait tomber par centaines leurs camarades à leurs côtés ; ils ne bougeaient pas. Quelques adjudans vinrent leur dire de se retirer : ils ne bougeaient pas. Ce ne fut que lorsque Lascy parut en personne, et donna l'ordre de la retraite, qu'ils obéirent enfin. Plus de deux mille hommes, tant morts que blessés, étaient couchés sur le champ de bataille, victimes de leur courage qui s'était trouvé sans guides ; et l'armée, ainsi affaiblie, fut obligée d'attendre des renforts pour poursuivre le siége avec énergie.

Le général major Luberas, qui commandait une partie des troupes Russes distribuées entre Varsovie et les environs, avait reçu de Munnich l'ordre de se joindre à lui avec ses régimens ; il avait éludé sous de vains prétextes l'exécution de cet ordre, répété à plusieurs reprises. Munnich le fit arrêter, donna le commandement au plus ancien officier du corps, et le renfort se mit en marche.

Avec ce corps et celui des Saxons qu'amena le duc de Saxe Weissenfels, Munnich se trouva en état de lutter avec avantage contre ces troupes auxiliaires que devait envoyer la France, et qui venait d'arriver. Mais ce secours qui devait être si important, qu'on avait attendu avec tant d'impatience, et qui débarqua enfin près de Weickselmund, à l'embouchure de la Vistule, le 24 mai, ne comprenait qu'environ deux mille quatre cents hommes. Pour se frayer une route vers la ville qui sentait vivement le besoin d'un renfort, cette poignée de soldats attaqua, avec beaucoup de courage sans doute, les retranchemens des Russes, tandis que les assiégés appuyaient ses efforts par une sortie. Mais les attaquans furent obligés de céder à la supériorité de leurs adversaires, et le corps tout entier se vit réduit à mettre bas les armes, et fut fait prisonnier de guerre. Dans l'intervalle, la flotte russe apporta de la grosse artillerie et des munitions. L'importante forteresse de Weichselmund fut emportée, et Dantzig aux abois demanda à capituler.

Munnich exigea pour condition péremptoire qu'avant tout, on lui livrât le roi Stanislas, le primat et l'envoyé de France, le marquis de Monti. Mais Stanislas, le jour précédent, était sorti de la ville, déguisé en paysan, et avait réussi à s'échapper. Lorsque le feld-maréchal en apprit la nouvelle par les magistrats de Dantzig, il fut si irrité, que dans le premier accès de sa colère, il fit jeter de nouveau des bombes dans la ville. Il se calma cependant; et quelques jours après, la capitulation fut conclue. La modération avec laquelle il traita la ville semble devoir faire oublier l'arrogant manifeste qui signala son début. Parmi les prisonniers il se trouvait beaucoup de partisans du prince qui lui avait échappé. Ils eurent la faculté de se retirer où bon leur semblerait. Seulement, le primat du royaume, comte Poniatowski, et l'envoyé français, furent envoyés sous une escorte à Thorn. La ville de Dantzig avait été soumise à une contribution de deux millions. Dans la suite, l'impératrice lui fit remise de la moitié de cette somme. Mais quelqu'envie qu'on puisse avoir de disculper le général Munnich, on a de la peine à lui pardonner l'acharnement avec lequel il avait persécuté le malheureux Stanislas, à ne pas partager l'indignation de Voltaire, en voyant *sa tête mise à prix dans la ville de Dantzig, dans un pays libre, dans sa propre patrie, au milieu de la nation qui l'avait élu suivant toutes les lois!* Et que dirons-nous aussi du marquis de Monti, fait prisonnier de guerre en cette occasion, malgré les priviléges de son caractère? — Mais ce n'était pas là de ces torts qui pussent être imputés au général Munnich par les ennemis qu'il avait laissés à Pétersbourg. Il en avait de bien plus graves à leurs yeux, c'étaient ses succès rapides et décisifs qui trompaient leur espoir de le tenir éloigné pour long-temps. Ils cherchèrent à obscurcir sa gloire. On ne parlait que des *torrens de sang* que son *ardeur inconsidérée* avait fait répandre à la malheureuse attaque du Hagelsberg ; mais on se gardait bien de faire mention des ordres réitérés qu'il avait reçus de presser la conclusion de la guerre, ni des circonstances fortuites qui avaient fait avorter une entreprise sagement conçue. Il était facile de reconnaître l'envie à ses exagérations comme à ses réticences.

Mais en reparaissant à la cour, Munnich dissipa les nuages que la calomnie avait élevés sur sa conduite. On ne vit plus que le vainqueur ; et les envieux toujours clairvoyans, s'aperçurent bientôt que la souveraine lui avait conservé sa faveur, et que son absence n'avait porté aucune atteinte à son crédit. Anne sentit au contraire de quelle nécessité ses talens et son activité étaient pour elle et pour son empire, au moment où une guerre difficile allait s'entreprendre contre la Porte.

CHAPITRE IV.

Première campagne de Munnich contre les Turcs.

IL s'agissait d'effacer un affront que Pierre-le-Grand, et la nation Russe avec lui, avaient essayé dans la dernière guerre contre les Turcs. On se rappelle que Charles XII, encore redoutable même après sa défaite, les avait engagés à s'armer en sa faveur, et qu'une armée de deux cent soixante-dix mille hommes avait, en 1711, tellement resserré au bord du Pruth en Moldavie, un corps russe qui en comptait à peine vingt-trois mille, qu'il n'avait, pour ainsi dire, plus qu'à choisir entre l'anéantissement total et la honteuse nécessité de se rendre à discrétion. Pierre qui était présent se crut encore heureux d'échapper à cette violente crise, en faisant de douloureux sacrifices, en restituant aux Turcs cette forteresse d'Asof qu'il leur avait naguères arrachée, en s'obligeant à ne jamais se mêler des affaires de Pologne. Mais, ce qui plus que tout le reste faisait encore gémir l'orgueil des Russes, c'est que dans le préambule de l'exemplaire turc de ce honteux traité, il était dit : *que Pierre s'était trouvé dans un tel embarras qu'il avait été forcé de chercher son salut dans la pitié et la commisération des croyans, et de les prier de lui accorder la paix.*

Pierre lui-même n'attendait qu'une occasion favorable pour venger l'honneur des armes Russes. Déjà des provisions de tout genre avaient été rassemblées sur les bords du Don ; déjà tous les préparatifs d'une campagne étaient faits, lorsque la mort vint interrompre ses projets de vengeance. Ce fut le colonel Lœwenwolde qui se chargea de leur donner de la suite, et qui persuada à l'impératrice qu'il était facile d'humilier les Turcs à leur tour. L'époque lui paraissait d'autant plus propice, que la Porte était alors engagée dans une guerre malheureuse avec avec Thamas-Kouli-Kan. En vain Ostermann, et Munnich lui-même, représentèrent qu'il ne fallait pas tant mépriser les Turcs ; que c'était précisément ce mépris qui avait causé le malheur de Pierre Ier. ; que dans le cas même où l'on aurait des succès, les avantages qu'on pourrait en tirer ne compenseraient pas l'énorme dépense qu'il fallait faire en hommes et en argent ; qu'enfin, sans rompre avec la Porte elle-même, on pouvait châtier les Tartares que le sultan n'était pas en état de contenir. La guerre fut résolue.

Les Turcs auraient déjà eu plutôt un motif valable de rupture, lorsque la Russie intervint dans les affaires de la Pologne. Ils se turent cependant, et laissèrent aux Russes tout le temps nécessaire de pacifier entièrement la Pologne avant qu'ils en vinssent à une déclaration formelle de guerre.

Dans cette vue, Munnich fut envoyé de nouveau à Varsovie. D'après les instructions qu'il emporta, les bases de la paix furent bientôt posées. Toute la Pologne se soumit au roi que la Russie avait voulu lui donner, et rien n'empêchait plus que la guerre qu'on avait résolue ne commençât. La conduite du Kan des Tartares, Caplan Gheraï, accéléra la rupture. Il avait pour les Russes une haine très-prononcée, et venait d'entrer avec une armée nombreuse dans la province du Cuban, qui séparait les possessions de la Turquie de celles de la Russie, et qui avait été reconnue libre d'après les derniers traités conclus entre ces deux puissances. Il la soumit, et déjà il était sur le point, en longeant le Caucasse et traversant les provinces Russes, de pénétrer dans la Perse pour se réunir à l'armée des Turcs. La Russie ne pouvait voir cette entreprise d'un œil indiffé-

rent. Son ministre, Sepluïew, en porta ses
plaintes à Constantinople, et le ministère Otto-
man ayant répondu qu'il était hors d'état de réprimer les entreprises du kan, il fut décidé que,
sans retard, la guerre serait commencée. Dans
l'automne de 1735, le général Leontiew marcha
contre la Crimée avec vingt-huit mille hommes ;
mais le succès ne justifia pas ses espérances.
Avant que son armée eût atteint les lignes de la
presqu'île de Crimée, les maladies et la disette le
forcèrent à se retirer. Il retourna dans l'Ukraine
après avoir perdu neuf mille hommes.

Dès-lors, tous les yeux se portèrent sur le
vainqueur de la Pologne. Munnich se trouvait
encore à Varsovie lorsqu'il reçut de Pétersbourg
l'ordre de se porter, sans délai, dans l'Ukraine
et d'y prendre le commandement de l'armée qui
venait d'y rentrer.

Plein d'ardeur et méditant de vastes projets,
il vole à sa nouvelle destination ; et déjà sa présence fait renaître le courage et la confiance
dans cette armée épuisée. Munnich avait une
haute stature et un extérieur imposant. Ses
yeux et l'ensemble de ses traits annonçaient la
pénétration, la détermination dans le choix des
mesures, l'intrépidité et la fermeté du caractère. Il était presque toujours grave ; et lors

même qu'il témoignait le plus de prévenances, son aspect et sa voix inspiraient à tous ceux qui l'approchaient un respect mêlé de crainte. Cependant l'armée, qui n'avait pas oublié le service qu'il lui avait rendu en mettant les soldes au même niveau, l'armée, à laquelle il avait ainsi appris à s'estimer elle-même, lui était entièrement dévouée. Les officiers surtout sentaient que c'était à lui qu'ils devaient la considération dont ils jouissaient à la cour et partout où ils se présentaient. *Quand j'étais encore adjudant de Munnich*, disait un général russe qui était parvenu au commandement, *je croyais être au-dessus de ce que je suis à présent.* Il exigeait avec une sévérité inflexible la ponctualité dans le service; et il prêchait toujours d'exemple. Quelques heures de repos lui suffisaient; et de grand matin c'était toujours lui qu'on voyait paraître le premier. Dans toutes ses campagnes on ne pouvait citer qu'un seul jour où il eût été éveillé par un autre. Il dictait avec une grande facilité les ordres qu'il donnait par écrit; et il fatiguait les secrétaires qui l'entouraient sans jamais se fatiguer lui-même. Il portait les regards les plus attentifs sur tous les détails de l'art militaire; et ses ennemis même étaient forcés de le reconnaître pour le premier ingénieur de la Russie. C'est ainsi que, ne dépendant des lumières de personne, embrassant tout de l'œil du connaisseur, il conduisait à la victoire à travers les vastes plaines et les déserts, des troupes rassemblées des diverses contrées d'une grande portion du globe, L'ambition était sa passion dominante. Enflammé par elle il poursuivit avec une rare persévérance toutes les entreprises, même les plus hardies, pour peu qu'elles lui présentassent quelque apparence de succès. Avouons tout cependant. Il ne fut pas assez avare du sang humain. Un peu de fierté et de dureté se mêlait à la fermeté de son caractère. Le sentiment de ses succès ne laissait pas son cœur exempt d'orgueil; et le desir de la renommée était en lui au plus haut degré d'exaltation. Mais, hélas! c'est presque toujours à ces conditions que la nature accorde les qualités qui forment les grands hommes de guerre! Ajouterons-nous que le maréchal Munnich est en quelque sorte excusé par l'esprit du gouvernement auquel il avait voué ses services, par les maximes de ce gouvernement, qui mettait si peu de prix à la vie des hommes, et par l'exemple de Pierre-le-Grand? En un mot il commandait à des Russes; et il semblait avoir été créé tout exprès pour ce rôle.

Le théâtre sur lequel Munnich va déployer dans quatre campagnes ses talens de général en chef, embrassait l'espace renfermé entre le Don, le Danube et la mer Noire. Se frayer une route sûre vers cette mer, s'établir sur ses bords, de là menacer les murs de Constantinople, tels étaient les vastes projets que depuis un demi-siècle la Russie méditait avec une active persévérance, et dont l'entière exécution était réservée à nos jours. La Crimée des Tartares, contre laquelle les premières attaques des Russes devaient se diriger, était alors gouvernée par un kan qui y régnait sous la protection de la Turquie. Ce pays comprenait, outre la fertile péninsule qui ne tient au continent que par une langue de terre étroite, cette portion du continent qui est connue sous le nom de *Steppe* (1) de la Crimée. C'est entre cette *Steppe* et l'ancienne Russie que se déploie au loin l'Ukraine, ou le pays des Cosaques. Ce peuple, qui n'avait commencé que vers le milieu du siècle précé-

---

(1) C'est ainsi qu'on désigne dans le langage du pays ces immenses plaines sans culture, sans arbres et presque sans habitations, que les Tartares parcourent avec leurs troupeaux. Les autres langues ont adopté ce mot qui n'a son exact équivalent dans aucune d'elles.

(*Note du Traducteur.*)

dent à se mettre sous la protection de la Russie,
eut constamment à souffrir des invasions des
Tartares ; et tout le pays qui est compris entre
le Dni.per et le Donec (rivière que reçoit le
Don un peu au-dessus de son embouchure),
étant entièrement ouvert, il était difficile de se
garantir de ces invasions. Aussi Pierre-le-Grand
avait-il conçu la grande idée de rendre efficace
la protection de la Russie pour les Cosaques, en
fermant cette ouverture par un long retranchement garni de redoutes, et d'établir une milice
provinciale pour la défense de ces ouvrages : et
en effet il avait déjà fait lever dans cette vue une
milice de six mille hommes. Mais sa mort sur-
vint ; et la poursuite de son projet fut retardée
jusqu'aux années 1731 et 1732. A cette époque
s'élevèrent rapidement ces retranchemens qui
sont connus sous le nom de *lignes de l'Ukraine.*
On en confia la défense à un corps de milice,
qui d'après les conseils de Munnich, fut porté
de six mille à vingt mille hommes.

Munnich rassembla son armée à Isoum, dans
le voisinage de ces lignes, et se prépara à ouvrir
de bonne heure la campagne de l'année suivante. Le début de cette campagne devait être
le siège de la forteresse d'Asof, qui domine
l'embouchure du Don ; mais on voulait en même

temps, conformément au plan qui devait s'exécuter successivement, pénétrer jusques dans
la presqu'île de Crimée, et chercher, s'il était
possible, à s'établir solidement sur les bords de
la mer Noire.

Tous les préparatifs pour l'ouverture de la
campagne furent poussés avec une grande activité. Munnich fortifia le chantier de Woronez,
près la rive gauche du Don, à plus de cent
lieues au nord d'Asof, et en établit un nouveau
à Briænsk, pour y faire construire de petits
bâtimens dont on pût se servir sur le Dnieper,
le Don et la mer Noire. Ensuite il parcourut,
en observateur éclairé, les lignes de l'Ukraine
et les fit réparer; et toutes les villes et tous les
villages qui avaient une enceinte fortifiée furent
mis, par ses soins, en état de résister aux incursions des Tartares. Dès le mois de mars 1736
il était lui-même en mesure de porter une
partie de ses troupes de l'autre côté du Don, et
d'entreprendre le siége de cette forteresse importante (Asof) que Pierre avait conquise dans
sa première guerre contre les Turcs, mais qu'il
fut forcé de leur rendre par la paix du Pruth.

Tandis que le comte de Lascy poursuivait le
siège d'Asof, Munnich se hâta de se reporter
vers les lignes de l'Ukraine et de rejoindre

l'armée principale, qui, forte alors de cinquante-quatre mille hommes, était postée assez près du Dnieper, (à Zarizunka) et était destinée à conquérir la Tartarie. Ce n'était pas une petite entreprise que de conduire une pareille armée à travers un pays dépourvu de la plupart des choses nécessaires à la vie, où souvent l'eau même manquait, où d'ailleurs la marche était rendue extrêmement pénible par la nécessité de traîner à sa suite environ quatre-vingt mille chariots chargés de tout ce dont on avait besoin, où enfin on avait continuellement à se défendre des incursions de ces Tartares, qui rôdaient sans cesse autour de l'armée. Toutes ces difficultés n'effrayèrent pas Munnich. Plein de confiance dans ce qu'on lui avait tant répété de la fertilité de la Crimée , et dans les approvisionnemens que le prince Trubezkoï était chargé de rassembler et de lui faire parvenir, il se met en marche avec une provision de pain pour deux mois, et suit lentement les rives du Dnieper, son armée étant presque toujours formée en bataillon carré , avec les bagages dans le milieu. Dès les premiers combats partiels, les Russes montrèrent leur grande supériorité sur les Tartares, armés de piques et combattant pour la plupart avec des flèches.

5 *

Ils arrivèrent enfin aux lignes construites pour défendre la presqu'île de Crimée.

Cinq mille hommes avaient travaillé pendant plusieurs années à la construction de ces lignes ; et les Tartares les regardaient comme inattaquables. L'isthme par lequel la presqu'île tient au continent est traversé dans toute sa largeur de sept werstes (environ un mille d'Allemagne ou deux petites lieues de France) par un fossé large de deux toises, et profond de sept. Derrière le fossé s'élève un parapet dont la plus grande hauteur, prise du fond du fossé à sec, est de soixante-dix pieds. Six tours construites en pierre et pourvues de l'artillerie nécessaire protégaient ce retranchement ; et même après les avoir emportées, on éprouvait encore un obstacle pour entrer dans la presqu'île. Immédiatement audelà des lignes la forteresse de Perecop se présentait pour arrêter le vainqueur.

Avant d'attaquer, Munnich envoie au kan un message pour lui annoncer que l'objet de sa mission est d'obtenir le châtiment des Tartares vivant de pillage, et pour le sommer de se mettre avec ses sujets sous la protection de l'impératrice, et de lui donner provisoirement une sûreté en recevant dans Perecop une garnison russe. La réponse qu'envoya le kan par un de ses *murses*, portait en substance que ce n'était pas les Tartares de Crimée, mais peut-être les Tartares Nogais qui s'étaient permis des brigandages sur le territoire russe; que quoique les Nogais fussent sous la protection de la Cri-mée, le kan ne pouvait cependant tenir en bride *la canaille*, et qu'il laissait aux Russes le soin de la punir; que quant à la cession de la forteresse de Perecop, elle ne dépendait pas de lui, puisque c'était une garnison turque qui la défendait; qu'au reste il était prêt à entrer en négociation amicale avec le général Munnich.

Mais ce n'était pas pour cela que Munnich était venu. Il se disposa donc à l'attaque des lignes, sans se laisser imposer par les rapports qui les lui présentaient comme formidables. On portait à cent mille le nombre des Tartares armés. Mille janissaires étaient chargés de la défense des tours. On prétendait qu'outre cela tous les habitans de la Crimée avaient été appelés à s'armer pour défendre leurs lignes. Munnich savait quelles troupes il conduisait; c'en était assez pour lui inspirer de la sécurité.

Une fausse attaque que deux mille cinq cents hommes firent une heure avant le jour sur la partie droite de la ligne remplit parfaitement son but. Les Tartares se hâtèrent d'y faire marcher leurs principales forces. Ils ignoraient que le corps de l'armée russe avait employé toute la nuit à se porter en avant. Quelle fut leur surprise lorsque, vers le matin, ils virent cette redoutable armée paraître sur six colonnes!

Les Russes s'avancèrent avec une grande intrépidité en dépit du feu terrible de l'ennemi. Cependant, lorsqu'arrivés au bord du fossé ils mesurèrent des yeux sa profondeur et la hauteur du parapet, ils s'arrêtèrent étonnés; mais ce ne fut que pour un instant. Bientôt après ils s'élancent dans le fossé en bravant le tonnerre de l'artillerie ennemie. Leurs échelles n'atteignaient pas à beaucoup près jusqu'à la crête du parapet. On y remédia en liant plusieurs chevaux de frise ensemble. Ceux qui étaient en bas aidaient les autres avec leurs lances et leurs baïonnettes. C'est ainsi qu'ils grimpèrent courageusement jusqu'en haut. Ils n'y étaient pas encore arrivés que les Tartares effrayés avaient déjà pris la fuite sans les attendre. La garnison d'une tour voisine, qui continuait de tirer, fut taillée en pièces. Ceux qui défendaient les autres tours se mirent à la suite des Tartares qui fuyaient. Bref, ces lignes *inattaquables* furent emportées avec une perte de trente hommes tués et quelques blessés. Tout le camp tomba au pouvoir du vainqueur. Deux jours après, (le trente mai) la ville mal fortifiée de Perecop se rendit, et la garnison, forte de deux mille cinq cents hommes, fut faite prisonnière de guerre, malgré la capitulation, sous prétexte qu'on ne pouvait lui rendre la liberté avant que les Turcs eussent relâché quelques centaines de marchands russes qu'ils avaient fait arrêter, contre les stipulations du dernier traité de paix.

Munnich fit manœuvrer ses troupes en présence du commandant turc. *J'admire votre dextérité*, lui dit le pacha; *mais comment vous a-t-il été possible de franchir ces lignes? — Tu me le demandes, et tu vois l'agilité de mon armée. — Fort bien*, lui répliqua le musulman, *mais je ne vois pas que tes guerriers aient des ailes.*

Rien ne s'opposa dès-lors à la marche progressive des Russes dans la presqu'île de Crimée. Mais on n'avait plus de pain que pour huit jours; et il paraissait bien hasardeux de compter sur des subsistances dans un pays qu'on supposait avoir été dévasté d'avance par l'ennemi. Aussi, dans le conseil de guerre que rassembla Munnich, l'avis de presque tous les généraux fut que, pour cette campagne, on devait se borner

à former un camp auprès de Perecop, et à détacher de là des partis qui ravageraient le pays.

« Et ce serait pour cela que nous aurions
« emporté ces redoutables lignes , répliqua
« Munnich en les interrompant? Ce serait pour
« cela que nous aurions pris la forteresse de
« Perecop, et que par-là nous serions maîtres
« de la clef de la Crimée? Que nous servira la
« victoire, si nous ne lui donnons aucune suite?
« Il faut avancer, et non avec des petits déta-
« chemens qui seront facilement coupés et
« anéantis, mais avec l'armée tout entière. Ce
« n'est qu'ainsi que nous pourrons atteindre le
« but pour lequel nous avons été envoyés. Notre
« mission est de nous établir solidement près de
« la mer; ou, si des obstacles insurmontables
« s'y opposent, ce qu'elle nous prescrit, c'est de
« punir les dévastateurs de nos campagnes en
« dévastant tout leur pays. Les approvisionne-
« mens nous suivront, et quand ils se feraient
« attendre, nous ne pouvons manquer de sub-
« sistances; nous saurons nous en procurer aux
« dépens de l'ennemi. Dès demain nous nous
« mettons en marche ! »

On s'y mit en effet le 5 juin, en laissant une
garnison à Perecop. On traversa des déserts où
la plupart des rivières sortent de lacs salés, où

quelques-unes seulement offrent de l'eau po-
table, et où l'on trouve très-peu de sources. Les
plaines qu'on y rencontre ne permettent pas
toujours à une armée de s'y déployer ; et, en
plusieurs endroits, les montagnes ne laissent
entre elles que des défilés si étroits qu'une poignée d'hommes suffit pour arrêter une grande
armée dans sa marche. Les Tartares profitèrent
de ces circonstances ; ils corrompirent l'eau des
fontaines, et leurs nombreuses embuscades in-
quiétèrent et fatiguèrent les Russes dans leur
expédition. Chaque ouverture, formée par le
hasard dans le bataillon carré qui se mouvait avec
une pénible lenteur, était mise à profit par les
Tartares. Leurs attaques leur étaient souvent
funestes à eux-mêmes, mais ne laissaient pas de
nuire beaucoup aux Russes. Munnich voulut en
faire tenter une décisive contre ces ennemis in-
commodes, mais elle échoua. Il en avait chargé
le général-major Hein qui devait, après une
marche de nuit, attaquer les Tartares dans leur
propre camp avec le corps qui était sous ses
ordres. Il mit de la lenteur dans ses mouvemens.
Les Cosaques qui s'étaient portés en avant furent repoussés vigoureusement par les Tartares,
et l'expédition fut manquée. Munnich fit arrêter
et traduire devant un conseil de guerre le com-

mandant qui n'avait pas ponctuellement obéi. Hein fut condamné à perdre son rang, sa noblesse; et à servir le reste de ses jours comme simple dragon dans la milice provinciale. Munnich était inflexible sur ce qui tenait à la discipline. Il crut devoir donner un grand exemple. Le jugement, tout sévère qu'il était, fut exécuté à la lettre.

L'armée cependant, depuis qu'on avait quitté Perecop, ne suivait plus son général avec la même bonne volonté. Les mécontentemens s'accrurent lorsque les convois attendus commencèrent à éprouver du retard, par l'impardonnable négligence, peut-être même par la malveillance du prince Trubetzkoï. La conduite du général prince de Hesse-Hombourg, qui avait opiné avec les autres pour le camp de Perecop, fut encore plus inexcusable. Prévenu contre un projet qui n'était pas le sien, il indisposait, sans aucun ménagement, les troupes contre leur commandant. Il blâmait hautement les mesures de Munnich, et ce n'était pas seulement dans des réunions secrètes avec d'autres généraux, c'était aussi en présence des officiers subalternes et des simples soldats, dont il cherchait à gagner les esprits par des libéralités excessives et de basses flatteries. « Ils avaient (leur disait-il

« en affectant de les plaindre) déjà souffert de
« grandes incommodités, mais ce n'était rien en
« comparaison de celles qui les attendaient. Leur
« chef s'inquiétait fort peu qu'ils périssent dans
« les déserts, de misère et de faim, pourvu qu'on
« obéît à ses caprices, pourvu que son orgueil
« sans bornes fût satisfait. ..» Sans doute il n'était
pas, ajoutait-il, dans les intentions de la cour que
ses troupes fussent ainsi sacrifiées ; et à la fin
de la campagne, le général en chef se trouverait chargé d'une grande responsabilité.

Ces dernières insinuations devaient faire d'autant plus d'impression sur l'armée, que le général Biron, cousin du favori de l'impératrice,
s'expliquait sur le même ton , aussi-bien que
plusieurs généraux nés en Russie, qui voyaient
avec dépit le commandement suprême entre les
mains d'un étranger.

Munnich n'en poursuivait pas avec moins de
constance sa marche vers la ville fortifiée de
Koslow, qui était la principale place de commerce de la Crimée. Après bien des fatigues, il
y arriva au bout de dix jours, et put y entrer
sans résistance; car la garnison, ainsi que la
plus grande partie des habitans, l'avait évacuée
en emportant tout ce qu'ils se flattaient de pouvoir mettre en sûreté. Les Russes y firent cepen-

dant un butin considérable. Le soldat sut très-
bien découvrir l'or et l'argent, les perles, les
étoffes de prix, dans les lieux où les fuyards les
avaient enterrés ; mais ce qu'on trouva de plus
important, ce fut un grand magasin de riz et de
froment qui était assez considérable pour que
l'armée, qui commençait à manquer de pain,
fût approvisionnée pour trente-quatre jours. Et
comme en même temps les Cosaques s'étaient
emparés de dix mille moutons et de quelques
centaines de bêtes à corne, et que le général
Lesle, amenant de l'Ukraine un convoi de vivres, était arrivé à Koslow, l'abondance vint
prendre la place de la disette. L'armée se reposa
cinq jours près de Koslow.

Munnich avait fait répandre parmi les ennemis que de cette place il se retirerait à Perecop ;
mais tout à coup il dirige sa marche vers Baktschi-Saraï : c'était alors la résidence des kans de
Crimée. Elle est située entre deux hautes montagnes, dans un vallon étroit que traverse un
ruisseau. Ses maisons sont bâties, partie dans le
vallon, et partie en échelons les unes au-dessus
des autres. Ses jardins, les tours de ses nombreuses mosquées, les rochers qui semblent
menacer la ville, forment un ensemble très-
pittoresque ; mais ce qui la rend surtout remar-

quable, sous le rapport militaire, c'est la difficulté de ses approches. Dès le 27 juin, l'armée
russe était près des défilés étroits qui la pro-
tègent. Les Tartares étaient postés très-avanta-
geusement sur les hauteurs. Munnich se détermina à les attaquer dans leur camp. Il choisit
l'élite de ses troupes, et en prit lui-même le
commandement. La marche, qui commença le
soir, fut continuée pendant la nuit avec tant
d'ordre et de silence, que le corps d'armée se
trouva près du camp des Tartares avant qu'on
eût eu aucun indice de ses mouvemens. Les
Turcs et les Tartares furent frappés de stupeur,
lorsqu'ils aperçurent les Russes devant Baktschi-
Saraï. Ils prirent la fuite après une courte défense. La ville, que l'on trouva déserte, fut
pillée, et ensuite, conformément au terrible plan
de destruction qu'on avait conçu, on y mit le
feu. Le vaste palais du kan et les deux mille
maisons de la ville devinrent la proie des
flammes : on n'épargna pas même la maison et
la bibliothèque des jésuites, qui y avaient un
établissement de missionnaires. Une ville voisine, qui est à cinq lieues de Baktschi-Saraï, vers
le nord-est, celle d'*Ak-Metchet* (aujourd'hui
nommée *Simferopol*), qui était la résidence du
kalza-sultan et des principaux *murses*, cette

ville éprouva le même sort. Ses dix-huit cents habitations furent réduites en cendres.

Les regards de Munnich se portèrent ensuite sur Caffa, la ville la plus importante de la Crimée, située au bord de la mer Noire, dans la partie la plus étroite de la péninsule : car ce n'était qu'après la prise de cette place qu'on pouvait réaliser le projet de s'asseoir solidement dans le pays. Mais le mécontentement de l'armée faisait chaque jour des progrès. La chaleur était insupportable ; le tiers de l'armée était malade ; le reste si affaibli, qu'un grand nombre pouvait à peine se traîner ; d'autres, accablés par la chaleur étouffante, tombaient morts sur la route. Le prince de Hesse-Hombourg se prévalut de ces circonstances pour faire éclater de nouveau ses murmures auprès des officiers et auprès des soldats, plus disposés encore à les accueillir. Mais s'étant laissé égarer par la passion au point d'insinuer aux généraux que, dans le cas où le feld-maréchal voudrait poursuivre sa marche, il fallait lui résister, et même le faire arrêter s'il s'obstinait dans sa résolution ; ayant même été jusqu'à se proposer pour commandant en chef de l'armée à la place de Munnich, les mécontens commencèrent à sentir quelle faute ils allaient commettre, à quels dangers ils s'expo-

saient en continuant à prêter l'oreille à ses dé-
clamations. — « Où voulez-vous nous conduire,
« s'écria l'un d'eux ? savez-vous qu'il y va de
« votre tête, et que nous devons agir avec cir-
« conspection ? connaissons-nous les instruc-
« tions qu'a reçues celui qui nous commande ?
« comment pouvons-nous nous arroger le droit
« de le juger ? Lui faire des représentations par
« écrit, appeler son attention sur les maladies
« qui se déclarent d'une manière alarmante, lui
« exposer que la perte de l'armée entière est
« inévitable, le presser d'adopter d'autres me-
« sures, voilà quel est notre devoir, et c'est à
« quoi je vous invite. » — La pluralité appuya
cet avis ; et le prince, en dissimulant son humeur, se vit contraint d'y donner publiquement
son adhésion ; mais secrètement il dépêcha un
exprès à Biron, avec une lettre dans laquelle il
exhalait, sans ménagement, tout son dépit contre
Munnich.

La lettre arrive à Pétersbourg à une époque
où tout était plein de la gloire des armes russes,
où l'on célébrait la prise des lignes de Perecop
où on exaltait le commandant qui avait osé s'a-
vancer plus loin qu'aucun autre général russe,
et jusqu'à la résidence du kan. L'idée d'une
misère lointaine et peut-être passagère, dispa-

raissait devant l'éclat éblouissant de cette campagne. D'ailleurs, l'ennemi personnel de Munnich, Lœwenwold, était mort. Aussi la lettre
du prince fut-elle très-mal reçue par la cour, et
envoyée à Munnich lui-même. Cette révélation
fit dégénérer en une haine implacable la froideur
qui subsistait depuis long-temps entre le dénon-
ciateur et le dénoncé; et cette haine, plusieurs
années après, dominait encore dans le cœur du
feld-maréchal.

Au moment où la lettre du prince lui parvint,
l'armée était déjà de retour à Perecop, où elle
trouva du repos et des subsistances. Munnich
regrettait d'autant plus de ne pouvoir exécuter
son grand projet de s'avancer jusqu'à Caffa, qu'il
savait que Lascy, après la prise d'Asof, avait
marché à son secours. Mais devait-il se conduire
autrement d'après les dispositions de son armée,
dont il ne pouvait se dissimuler la détresse toujours croissante? Baktschi-Saraï fut donc le
terme de son expédition. Il prit une autre route
pour retourner à Perecop. Lascy fut averti de
sa retraite, par des transfuges, assez à temps
pour revenir sans aucune fâcheuse rencontre;
mais il eut de la peine à pardonner à Munnich
de l'avoir exposé à un péril assez grave, faute
de l'avoir prévenu de sa marche.

Munnich reçut encore à Perecop la nouvelle de la prise de Kinburn, à laquelle il avait contribué en y envoyant un corps sous les ordres du lieutenant général Leontjef. Avant de quitter la Crimée, et de se retirer dans l'Ukraine, il eut soin de raser en plusieurs endroits les lignes de Perecop, d'en détruire les tours, et de faire sauter les murailles de la forteresse.

C'est ainsi que se termina cette première campagne, qui, surtout dans l'étranger, donna un grand renom à Munnich. Elle fut brillante, mais meurtrière : elle coûta trente mille hommes aux Russes. A l'entrée de la campagne, chaque régiment de son armée était de quinze cents hommes; on n'y en compta plus que six cents en état de servir, lors de la revue qui se fit à Samara. La faim et la misère avaient détruit presque tout le reste; car le nombre des Russes tués ou faits prisonniers par l'ennemi ne s'éleva pas au-dessus de deux mille.

Munnich se hâta de retourner à Pétersbourg. Il avait été informé que la lettre du prince de Hesse n'avait pas tout-à-fait manqué son but, et que sa conduite devait être examinée par un conseil de guerre, dont Lascy était destiné à être le président. Mais Lascy, quoique personnellement mécontent de Munnich, fut assez généreux pour refuser cette commission ; et la présence du feld-maréchal dissipa bientôt l'orage qu'on avait essayé de former contre lui. Comme un témoignage de la faveur de l'impératrice, il reçut en présent des terres considérables dans l'Ukraine ; et on lui donna l'ordre de tout préparer pour la campagne suivante, dont on espérait des avantages d'autant plus décisifs, que l'Autriche, d'après ses traités avec la Russie, avait aussi déclaré la guerre aux Turcs.

La cour de Vienne désirait, à la vérité, que la Russie envoyât un gros corps de troupes auxiliaires en Hongrie. Mais Munnich, qui ne jugeait pas à propos d'affaiblir sa propre armée, eut le courage de braver le ressentiment de cette cour, tout redoutable qu'il pouvait paraître, et se disposa à une seconde campagne, qui ne devait, en énergie, rien céder à la précédente.

CHAPITRE V.

Seconde campagne de Munnich contre les Turcs.

L'OBJET de cette seconde campagne était de s'assurer de l'embouchure du Dnieper, qui, après s'être réuni au Bog, se jette dans la mer Noire. La forteresse de Kinburn, qui protège l'une des rives de cette embouchure, avait déjà été prise et rasée par les Russes ; mais celle d'Oczakow, plus importante encore, et située sur la rive opposée, était toujours au pouvoir des Turcs, qui commençaient même à travailler au rétablissement des fortifications de Kinburn.

Dès le mois de février Munnich retourna à son armée, qui, pendant l'hiver, avait couvert les frontières, et avait cherché à réprimer, autant qu'il était possible, les incursions des Tartares.

Cette armée, qu'on avait augmentée jusqu'à soixante ou soixante-dix mille hommes, se rassembla à Perewolotschna, sur les frontières de l'Ukraine, et la rive gauche du Dnieper, et, le 6 mai, elle passa, sans obstacles, ce fleuve en trois divisions. Après une marche de trois semaines, elle atteignit les rives du Bog. L'ennemi ne s'opposa pas non plus au passage de cette rivière. La prévoyance de Munnich y fit trouver deux mille chameaux pour le transport des tentes, et vingt-huit mille chariots chargés de provisions de bouche: car on avait appris chèrement, dans la campagne précédente, combien il était difficile de se procurer des subsistances aux dépens de l'ennemi. Les Turcs ne savaient pas encore s'il s'agissait d'Oczakow ou de Bender. Munnich s'était donné beaucoup de peine pour cacher ses véritables vues. Dès le début de la campagne, un adjudant-général de Potocki, général de la couronne, lui ayant été envoyé, il affecta de s'adresser à lui pour boire à *l'heureuse expédition d'Oczakow*; et en même temps, comme par forme de confidence, il lui fit montrer dans le bureau des ingénieurs une *marche-route* pour Bender. L'émissaire se crut dans le secret, et fut bien convaincu que c'était en effet à Bender qu'on allait. Pour fortifier les Polonais dans leur erreur, Munnich envoya, comme à la dérobée, à travers la Pologne jusqu'à Bender, quelques officiers qui, en divers endroits, traitèrent avec des juifs pour l'établissement de magasins de blés. Des malveillans, même dans ces derniers temps, ont prétendu que le véritable plan de la cour de Russie avait été en effet qu'on attaquât Bender, tandis qu'on détacherait seulement dix mille hommes pour bloquer Oczakow, et faciliter ainsi aux Autrichiens la prise de Viddin et de Nissa ; mais que Munnich se laissa corrompre par un émissaire du prince de Moldavie, changea le premier plan dont l'exécution devait être bien funeste aux Turcs, et se décida à l'attaque d'Oczakow. Ce qu'on sait du caractère altier du maréchal Munnich, et de son désintéressement, rend cette version très-peu vraisemblable ; et le comte de Solms, son gendre et son général-adjudant, qui avait eu pendant ses trois campagnes son intime confiance, a achevé de prouver qu'elle était tout-à-fait calomnieuse. Il affirme qu'il a vu le véritable plan, tel qu'il avait été arrêté en présence de l'impératrice et de son favori, et que la cour de Russie tenait obstinément à ce qu'il fût complètement exécuté. Il paraît donc bien avéré que l'attaque d'Oczakow était l'objet que Munnick devait et voulait remplir. Mais il ne put parvenir à faire prendre entièrement le change aux Turcs, même en affectant de tenir long-temps son armée sur le chemin qui conduisait à Bender. Arrivé sur les rives du Bog, il apprit que, cessant d'être séduit par cette trompeuse apparence, le séraskier avait envoyé à Oczakow dix mille hommes de ses meilleures troupes pour renforcer la garnison de cette place. C'est alors qu'il fut résolu qu'on en prendrait le chemin direct, qu'on hâterait sa marche, pour que les Turcs n'eussent pas le temps d'accourir avec toutes leurs forces au secours d'Oczakow. Afin d'éviter tout retard, on laissa en arrière, outre les gros bagages et les malades, une partie de l'artillerie de siège sous les ordres de Leontjef, et dès le 30 juin (10 juillet) l'armée russe se trouva devant Oczakow. Le feu avait été mis aux *steppes* de tout le pays circonvoisin, et on marchait sur un terrain recouvert de cendre et de poussière. Munnich s'était flatté de trouver en arrivant une flotte russe déjà mouillée à l'embouchure du Dnieper. Car le prince Trubetzkoï avait reçu l'ordre de faire remonter sur des bateaux plats, par le Dnieper, une partie de la grosse artillerie et une portion des subsistances. Mais Munnich avait eu tort de confier ce soin à un homme peu actif, dont la nonchalance avait déjà causé de grands embarras à son armée dans la campagne précédente. Trubetzkoï trompa encore en cette occasion les espérances du général. L'armée chercha vainement une flotte à l'embouchure du Dnieper. Elle arrivait devant une place qu'elle devait assiéger, et dont on ne connaissait pas parfaitement les ouvrages. Ce qu'on savait très-bien, c'était qu'elle était défendue par vingt mille hommes d'élite et par cent bouches à feu, et qu'on manquait de toutes les choses nécessaires pour en entreprendre le siège. On n'avait pas même de bois pour se chauffer ni pour faire des fascines; et il n'y avait pas, à près de huit lieues à la ronde, de fourrage pour les chevaux.

La situation de l'armée était donc vraiment inquiétante. Si elle se retirait, non-seulement la place recevait un nouveau renfort de Turcs qui était déjà en marche, mais encore l'armée ennemie, qui se rassemblait près de Bender, gagnait le temps de venir la délivrer. Rester dans l'inaction était un parti encore plus mauvais. Munnich opina donc pour que, sans délai, on tentât l'attaque. *Il faut savoir oser*, dit-il; *et il est impossible que la flotte tarde encore long-temps.* Cet argument produisit son effet, et la majorité se rangea de son avis.

Le conseil de guerre était encore assemblé, lorsque quinze mille hommes de la garnison firent une sortie très-vive. Chacun courut à son poste; et l'ennemi, après avoir essuyé une perte considérable, fut forcé de rentrer dans la place.

Le Liman, cette portion du continent comprise entre l'embouchure du Dnieper et la mer Noire, fut occupé en totalité ; l'ennemi fut enveloppé et contraint de céder le terrain jusques sous les canons de la forteresse.

Alors commença un siège qui est presque sans exemple dans les annales modernes de l'histoire militaire. Il ne fallait pas moins que le bonheur de Munnich pour conduire ce siège au résultat qu'il eut. L'imagination la plus féconde en espérances pouvait-elle promettre qu'en moins de trois jours, même sans le secours de la flotte, la forteresse d'Oczakow tomberait au pouvoir des Russes ?

La difficulté de procurer du fourrage aux chevaux fut d'abord surmontée : on les envoya au loin sur les derrières auprès des gros bagages. Ensuite on commença à élever péniblement des redoutes sur un terrain aussi dur que le roc, et à travailler à la tranchée. Dans l'intervalle, on tira un grand parti des fossés et des murs qui entouraient les jardins de la ville. On établit dans l'intérieur de ces jardins la grosse artillerie, et de là on foudroya sans relâche. L'ennemi, qui voulait en chasser les assiégeans, fut repoussé et poursuivi jusqu'à la contrescarpe ; en même temps les bombes étaient employées avec un grand succès. A peine le feu était-il commencé, que l'on vit l'incendie se manifester en plusieurs endroits. La garnison réussissait, il est vrai, toujours à en arrêter les progrès ; mais les bombes continuèrent à pleuvoir pendant toute la nuit sur la ville, surtout dans le quartier où l'on savait très-bien qu'était situé le grand magasin à poudre ; et cette nuit terrible fut suivie du matin qui devait amener un dénouement plus terrible encore.

Une heure avant le lever du soleil (le 2 juillet), on aperçut des flammes qui brillaient dans le centre de la ville : ce fut de ce côté que toutes les bombes furent dirigées. Bientôt le feu fit des progrès, et l'on put remarquer qu'il avait gagné plusieurs rues. Pour empêcher les assiégés de l'éteindre, et pour faire en sorte qu'il pût se propager jusqu'au magasin à poudre, Munnich résolut de s'approcher de la ville avec toute l'armée, et de menacer l'ennemi d'un assaut général. A son commandement elle se mit en mouvement au bruit des instrumens guerriers, avec ses drapeaux déployés et toutes les pièces de régimens. L'aile droite, sous la conduite du général Romanzow et du général-adjudant Biron, s'était avancée déjà jusqu'au pied de la contrescarpe. Le lieutenant-général Keith, qui commandait l'aile gauche, aurait voulu ménager sa troupe, et fit quelques représentations sur cette entreprise audacieuse, qui, selon lui, ne pouvait être que meurtrière ; mais, sur les ordres réitérés de Munnich, il abandonna ses redoutes, et, réuni au général Lœwendahl, il marcha vers la ville. Munnich lui-même, accompagné du duc Antoine-Ulric de Brunswick, qui était constamment à ses côtés, soutint avec le reste des troupes les corps qui étaient en avant. Aucun danger ne l'arrêtait, et il eut un cheval tué sous lui. L'armée était au pied du glacis extérieur ; et là elle trouvait devant elle un fossé de douze pieds de large. Exposés sans défense au feu de l'ennemi, les assiégeans tentèrent vainement divers moyens de se frayer une route au-delà du fossé. On manquait de l'appareil nécessaire pour monter à l'assaut ; et ceux qui étaient déjà descendus dans le fossé ne pouvaient s'aider réciproquement à en remonter : quelques-uns seulement furent assez heureux et assez adroits pour atteindre le bord opposé. Mais arrivés là, ils avaient à s'établir dans le chemin couvert et à décider du sort de la place ; mais ils étaient en trop petit nombre pour le tenter avec succès.

Les Russes tinrent ferme pendant deux heures dans cette position. Ils voyaient leurs frères d'armes tomber par pelotons devant eux ; et les ravages qui menaçaient les assiégés en dedans de leurs murailles faisaient des progrès très-lents.

Cependant Romanzof observe que le feu semble gagner de plus en plus du côté du grand magasin à poudre. Il craint avec raison que l'explosion dont ce magasin est menacée ne devienne funeste aux assiégeans eux-mêmes. Il ordonne la retraite de son aile droite qui est le plus exposée au danger. Les bataillons impatiens obéissent à cet ordre avec le désordre de la précipitation ; et l'aile gauche elle-même est entraînée dans la retraite par l'aile droite. Tous se réfugient dans les jardins et les redoutes qu'ils avaient occupés la nuit précédente.

Munnich n'avait pu arrêter le torrent de la retraite ; et il ne se dissimulait pas les terribles effets qui en seraient résultés, si les Turcs, profitant de la confusion , eussent fondu sur ses troupes pendant leur marche rétrograde. Dans son premier accès d'humeur il s'emporta contre Keith , auquel il croyait devoir imputer tout le désordre. Mais en même temps il rassembla son armée derrière les lignes et donna l'ordre d'attaquer de nouveau. La garde parut hésiter un instant ; mais Munnich , avec son intrépidité ordinaire, vint lui-même en prendre le commandement. Il était sur le point de se saisir du drapeau et de marcher à la tête de ce corps : le porte-drapeau qui chancelait reprit courage, et tous se portèrent en avant.

Cependant l'incendie étendait ses ravages dans la forteresse. Le prince de Brunswick s'en aperçut, et détourna l'attention du général, absorbée par les détails du combat, pour la porter sur ces flammes dont les progrès pouvaient avoir un résultat plus décisif. En effet, on entendit bientôt l'horrible fracas que produisit l'explosion du grand magasin à poudre. La terre en fut ébranlée au loin. On eût cru que la ville entière était anéantie. Elle fut en effet détruite en grande partie : plus de six mille hommes furent ensevelis sous ses décombres. Sans cet incident, sur lequel en commençant l'attaque on ne pouvait raisonnablement compter, le siège d'Oczakof eût eu pour les armes russes les plus fâcheuses suites. Manstein, juge éclairé mais sévère, qui tenait les particularités de ce siège du général Lœwendal (1), un des officiers qui y jouèrent un rôle principal et qui y furent blessés ; Manstein, disons-nous, n'hésite pas à in-

____

(1) Le même qui fut dans la suite maréchal de France.

culper gravement le maréchal Munnich. Il ne révoque en doute ni ses talens ni sa loyauté ; mais il le blâme, et à ce qu'il paraît avec raison, d'avoir commencé l'attaque avant l'arrivée de la flotille qui devait lui apporter les matériaux né- cessaires pour un siège, et d'avoir chargé d'ame- ner cette flottille le même prince Trubetskoï qui, l'année précédente, avait trahi sa con- fiance d'une manière si désastreuse pour son ar- mée. Cette double faute aurait pu avoir pour les Russes les plus déplorables conséquences. Ils coururent effectivement les plus grands dangers, lorsqu'après s'être avancés jusques près du che- min couvert, ils furent forcés de se retirer en désordre. « Si alors, suivant Manstein, le com- « mandant de la place eût eu assez d'intelligence « pour faire une sortie avec sa garnison, toute « l'armée russe eût été entièrement battue, « et forcée de lever le siège et de rentrer dans « son pays. A cette époque, poursuit Mans- « tein, le maréchal, qui, après avoir été re- « poussé, crut que tout était perdu, s'aban- « donna au plus violent chagrin ; mais l'incen- « die fit prendre une autre face à ses affaires. » Il est vrai que ce fut, sinon la seule cause, au moins la cause immédiate de la reddition d'Oc- zakow ; et les effets surpassèrent même les espérances du général en chef. La consternation s'empara du commandant de la place et du reste de sa garnison. Tout à coup disparurent ces drapeaux que les Turcs avaient, suivant leur usage, plantés sur les remparts et sur les glacis, et on vit à leur place flotter le drapeau blanc. Bientôt après un adjudant turc apporta la demande d'une suspension d'armes pour quelques heures. Munnich la rejeta. Sa réponse fut que la garnison, si elle voulait être ménagée, devait, dans une heure, se rendre prisonnière de guerre. On était encore en pourparler lorsqu'on apprit que les hussards russes et les Cosaques avaient repoussé dans la ville le séraskier et une partie de la garnison qui avaient voulu se sauver sur les galères et les bâtimens de transport. En même temps on vit paraître un second adjudant du séraskier avec l'offre de rendre la place à discrétion. Aussitôt une portion des gardes prit possession d'une des portes : la garnison fut désarmée et conduite au camp des assiégeans.

Dans l'intervalle, quelques centaines de Russes avaient pénétré dans la ville, et tué, détruit ou pillé tout ce qui s'était trouvé sur leur passage. Le châtiment suivit ces barbaries de près. Deux autres magasins à poudre sautèrent en l'air; et les

Russes qui pillaient , aussi-bien que les assiégés qui cherchaient à éteindre le feu , périrent victimes de ce nouvel accident. Environ deux mille Turcs parvinrent à se sauver sur les galères et répandirent la consternation jusqu'aux murs de Constantinople. Beaucoup d'autres se noyèrent en s'efforçant d'atteindre à la nage les bâtimens de transport. On enterra dix-sept mille cadavres ; et un plus grand nombre resta enseveli sous les décombres. Sur les vingt mille hommes dont la garnison était composée , il n'y en eut qu'environ 3,500 qui furent faits prisonniers.

Ne sont-ce pas là de braves gens ? demanda Munnich au seraskier Jaja qui venait de tomber entre ses mains et à qui il faisait voir la garde au moment de la parade. — *Il faut bien qu'ils soient braves ,* répliqua le commandant turc , *sans cela je ne serais pas ici.* Le Musulman ne put s'empêcher d'exprimer sa surprise de ce que les Russes avaient osé tenter l'assaut : *car ,* disait-il, *si j'avais eu tout prét le saucisson destiné pour le jeu des mines , ils seraient tous sautés en l'air ; mais j'avais cru qu'ils feraient une attaque régulière , et je m'étais proposé de ne faire fermer les mines que la nuit suivante ; mais Dieu l'a voulu ainsi : il faut bien que je supporte mon malheur.*

Au reste, cette victoire, que Munnich dut surtout à son extrême témérité, lui fit une très-grande réputation. Elle ne l'éblouit cependant pas au point de lui faire oublier les torts qu'il avait eus avec un des généraux de son armée. « C'est à « l'extrême vivacité du général Keith , avait-« il dit, qu'il faut s'en prendre , que l'assaut ait « été entrepris et qu'il ait si mal réussi ; mais « puisque l'incendie continue, tout peut encore « se réparer. » Le propos qui avait été tenu au prince de Brunswich , en présence de plusieurs généraux , parvint aux oreilles de Keith , qui en fut extrêmement irrité. *Il est très-étrange , disait-il avec amertume, qu'on veuille me rendre responsable d'un événement auquel je n'ai concouru que contre ma volonté , et que le maréchal Munnich ose m'improuver lorsque je n'ai fait qu'obéir à ses ordres. Eh bien , ajouta-t-il , je suis tout prêt à demander un conseil de guerre , où je dévoilerai les fautes qui ont été commises dans ce siège.* Le maréchal sentit du moins celle qu'il avait à se reprocher à l'égard du général Keith et s'empressa de la réparer. Dès le lendemain de la prise d'Oczakow , il alla voir ce général et lui dit entre autres choses : *C'est à vous , Monsieur , que nous devons en partie l'heureuse issue de cette grande entreprise.* Keith accueillit l'éloge comme il avait reçu le reproche. — Pardonnez-moi, lui dit-il, *je n'ai aucune part à la gloire de cette journée, puisque je n'ai fait qu'obéir à vos ordres.* Munnich crut s'être acquitté par cette démarche ; et ses apologistes y trouvèrent la matière d'un nouvel éloge.

En entrant dans la ville conquise il n'y trouva que des monceaux de pierres. Pas un toit pour y mettre ses troupes à couvert. Elles furent obligées d'abord de camper comme en pleine campagne. Il fallait cependant, pour ne pas perdre le fruit de cette victoire, songer à mettre ces ruines à l'abri d'une nouvelle attaque. On devait prévoir que les Turcs feraient tous leurs efforts pour recouvrer Oczakow dans la même année. Rétablir au plus vite les anciennes fortifications, ajouter à leur force en en construisant de nouvelles, bâtir des habitations pour le quartier d'hiver, pourvoir la ville de tout ce qui lui était nécessaire, tels furent les objets auxquels Munnich consacra tous ses soins. Il fut puissamment secondé dans ses efforts par la flotille. Les cataractes du Dnieper avaient ajouté aux retards qu'elle avait éprouvés par d'autres circonstances. Ce ne fut que quinze jours après la prise de la ville qu'on en vit enfin paraître une partie

7

à l'embouchure du fleuve. Le reste n'y arriva que dans les mois d'août et de septembre. Pour que le rétablissement de la forteresse pût s'effectuer sans le moindre retard, Munnich se porta avec le gros de son armée dans le voisinage du Bog, et, par des marches et des contre-marches, chercha à faire prendre le change à l'ennemi sur ses véritables intentions. Quant au projet d'abord formé d'attaquer Bender après la prise d'Oczakow, il était devenu inexécutable. Il fallut renoncer à tenter de nouvelles conquêtes, pour conserver celles qui avaient été faites. Après qu'Oczakow eut été remis en état de défense, l'armée se retira en Ukraine, où Lascy revint de bonne heure, après avoir porté une seconde fois la dévastation dans la Crimée.

Le général major Stoffeln fut laissé pour défendre Oczakow, et justifia le choix du maréchal Munnich. La nouvelle de la prise de cette place avait fait une grande sensation dans le sérail et surtout parmi le peuple de Constantinople. Pour apaiser les clameurs publiques, on déposa le grand-vizir, et on nomma à sa place le séraskier de Bender qui avait envoyé dix mille Bosniaques au secours d'Oczakow, et le nouveau pacha de Bender reçut l'ordre de se concerter avec le khan des Tartares pour arracher sans retard cette forteresse aux mains des Russes. En conséquence, dès la fin d'octobre, Stoffeln se vit assiégé par une armée turque.

Aussitôt que Munnich en fut informé, il se hâta d'envoyer par terre et par eau des secours à la place attaquée; mais avant que ce renfort fût arrivé à sa destination, on apprit que Stoffeln avait forcé l'ennemi de lever le siège. Vingt mille morts furent encore ajoutés à la terrible liste des victimes que les murs d'Oczakow avaient vues tomber. On frémit quand on s'arrête à cette idée que, dans l'espace de quelques mois, ce coin de la terre, au bord de la mer Noire, coûta la vie à plus de soixante mille hommes.

7 *

CHAPITRE VI.

Troisième campagne de Munnich contre les Turcs en 1738.

Mais l'ambition avait bien encore d'autres torrens de sang à faire répandre. Quelques avantages remportés par les Turcs sur les Autrichiens donnèrent un nouvel élan au courage du divan. Des conférences entamées à Niemerow avaient fait naître l'espoir d'une paix prochaine. Elles furent rompues, et on se décida à tenter les hasards d'une troisième campagne.

Nous avons dit plus haut que la cour de Vienne était fort indisposée contre le maréchal Munnich. Un fâcheux incident vint mettre le comble à cette mésintelligence. Un colonel autrichien, nommé Berenklau, avait été envoyé par la cour de Vienne pour assister à la dernière campagne des Russes et observer leurs opérations. Aussitôt après la prise d'Oczakow il écrivit au comte Ostein, qui était ministre de l'Autriche au congrès de Niemerow, *qu'à la vérité jamais soldats n'avaient attaqué une place avec plus de valeur ; mais que tous les généraux , sans exception , n'étaient tout au plus que de bons capitaines de grenadiers.* Ostein fut assez inconsidéré pour communiquer cette lettre aux plénipotentiaires russes , qui ne tardèrent pas à la faire passer à Pétersbourg ; et elle parvint ainsi à la connaissance du maréchal Munnich. On fut vivement blessé en Russie de cette insulte de la part d'une cour dont l'armée, tout-à-fait dépourvue de bons généraux et récemment battue par les Turcs, ne lui donnait assurément pas le droit de faire de pareils reproches. L'auteur de la lettre fut, depuis cette époque, traité avec tant de dédain qu'il jugea convenable de se faire rappeler. Il fut remplacé auprès de l'armée russe par le colonel Reisky.

L'orgueil des Autrichiens devenait chaque jour plus intolérable, et Munnich ne perdait pas une occasion de le faire remarquer à l'impératrice et aux ministres de Russie. On présume bien que dans de pareilles circonstances il devait être fort peu empressé de ménager un bon accueil à la proposition que répétait la cour de Vienne de joindre un corps auxiliaire de Russes aux troupes allemandes qui se trouvaient en Hongrie. Son avis fut bien plutôt

de déployer plus que jamais tous les moyens de
la Russie, pour bien constater par les faits la
supériorité de ses généraux sur ceux de l'Autriche, et pour mortifier de la manière la plus
sensible une cour qui lui était odieuse.

Il était cependant bien éloigné de l'idée de
rompre l'alliance des deux puissances et d'a-
bandonner l'Autriche. Il avait les pleins pouvoirs de sa souveraine pour conclure la paix ;
mais il repoussa constamment la proposition
que lui fit le grand-vizir de signer une paix
séparée, qui dans la situation des choses eût
été avantageuse à la Russie, et il se livra tout
entier au dessein d'entreprendre une campagne
décisive qui pût arracher à l'ennemi commun
une paix également glorieuse pour les deux
cours.

La Crimée était ravagée ; mais il manquait
encore à la Russie un établissement solide dans
cette presqu'île. Les forteresses d'Azof, d'Oczakow et de Kinburn étaient au pouvoir des
Russes ; mais les Turcs possédaient encore les
deux principales places des frontières qui pro-
tègent la Moldavie, et par cette province les
autres possessions de la Porte ottomane en
Europe. C'était sur Bender et Choczim que
reposait en quelque sorte leur sécurité. Pour

atteindre ces places et les leur enlever, il ne suffisait pas de franchir, comme dans les campagnes précédentes, le Dnieper et le Bog; il fallait encore se porter au-delà du Dniester. Ce fut ce qu'entreprit Munnich, en 1738, à la tête d'une armée de cinquante-cinq mille hommes, tandis que Lascy, pour occuper les Tartares, fut envoyé en Crimée pour une seconde fois avec une autre armée.

Munnich trouva d'abord de la résistance au bord du Bog; mais il dispersa facilement les Turcs et les Tartares, qui l'attaquèrent à plusieurs reprises au passage de ce fleuve. Il y eut encore du sang à répandre pour franchir les deux petites rivières de Kodina et de Sawran. La marche de l'armée à travers des déserts sans eau fut très-pénible, et lui coûta des hommes et des chevaux. Ce ne fut qu'au commencement du mois d'août que l'armée, affaiblie par des pertes, par la fatigue, par des privations de tout genre, atteignit enfin les rives du Dniester. Mais à l'aspect des rochers escarpés dont elles étaient hérissées, à l'aspect d'une armée de soixante mille Turcs fortement retranchée, défendue par soixante pièces de canon et quinze mortiers, elle cessa d'espérer le passage facile auquel elle s'était attendue. Elle fut d'ailleurs vivement inquiétée par un corps de Tartares qui, se tenant constamment à ses côtés, sur le même bord du fleuve, ne cessait de harceler ses avant-postes. Cependant Munnich, pour ne pas rester dans l'inaction, fit établir des batteries très-près du Dniester et pleuvoir des boulets et des bombes sur le camp ennemi. Ce moyen de l'inquiéter fut sans effet, et Munnich se vit forcé d'abandonner le sien. Vainement il parcourut les bords du Dniester, cherchant un endroit où il pût passer plus facilement ce fleuve. Partout il eut en tête les Turcs et sur ses flancs les Tartares, qui, d'heure en heure, renforcés par les Turcs, attaquaient ses troupes sans relâche, et qui, quoique toujours battus, revenaient toujours à la charge, et par leurs défaites même fatiguaient, affaiblissaient les Russes. Munnich, tout enclin qu'il était à braver les hasards, trouva partout trop de dangers pour tenter un passage; et, en supposant qu'il l'eût effectué avec de grandes pertes, que sur l'autre rive il eût encore battu l'ennemi, quel était le sort qui l'y attendait? Il y eût trouvé un pays dévasté, sur lequel la peste exerçait ses ravages. Il risquait d'y perdre toute son armée. Il dit avec Shakespeare :

> I dare do all , that may become a man
> Who dare do more , is none.

J'ose tout ce qu'il sied à un homme d'oser; qui ose davantage cesse d'en être un.

Il se détermina à la retraite.

La nouvelle résolution ne fut pas agréable à l'impératrice; mais elle se rendit à ses raisons. Il n'en fut pas de même du marquis de Botta, ministre autrichien. « Voilà donc, disait-il avec
« dépit, les grands exploits qu'on nous avait
« promis! Que ne réunissait-on aux Autrichiens
« ces trente mille hommes qui étaient obligés
« de se battre dans des déserts contre les Tar-
« tares! que ne les faisait-on marcher contre le
« noyau de la puissance ottomane! on aurait eu
« sans doute d'autres résultats; mais par ini-
« mitié pour l'Autriche, par excès d'ambition,
« Munnich avait déconseillé ce parti. Son or-
« gueil est flatté de se trouver à la tête d'une
« grande armée, mais il ne veut pas hasarder
« de mener cette grande armée à l'ennemi. Il
« lui avait été ordonné de prendre ou Choczim
« ou Bender; et il n'a pas même essayé de faire
« l'un ou l'autre. »

Ces propos de l'Autrichien, tout suspects qu'ils dussent paraître, firent impression sur la souveraine. Munnich reçut l'ordre formel de passer le Dniester et de s'emparer ou de Choczim ou de Bender.

Cet ordre lui parvint lorsque déjà il était de retour sur les rives du Bog. A cette époque son armée était devenue plus faible en hommes , en chevaux, en bêtes de traits ; et l'imprévoyance du colonel Tutschew , qui en allant au fourrage s'était laissé surprendre par les Tartares, venait précisément de lui faire perdre mille hommes et plus de deux mille chevaux ou bœufs. Cette faute et ce revers avaient été expiés par des punitions éclatantes. Tutschew avait été fusillé d'après la sentence d'un conseil de guerre. Le lieutenant - général Sagbraisky , par qui ce colonel avait été envoyé au fourrage à l'insçu du feld-maréchal, avait été dégradé de son rang et réduit à l'état de simple dragon. Le brigadier qui ce jour-là se trouvait chargé du commandement, et qui était un prince de la famille de Cantacuzène subit la même peine. Ce fut au milieu de ces conjonctures que Munnick reçut l'ordre de sa souveraine. Il assembla aussitôt le conseil de guerre. L'avis unanime fut qu'il était impossible d'obéir, et que, même en sacrifiant toute l'armée, on ne pouvait espérer un heureux succès. Anne se contenta de cette excuse, et l'armée continua sa retraite. Faute d'un nombre suffisant de bêtes de trait on fut forcé d'enterrer dans les sables du désert quantité de bombes , de boulets et beaucoup de bagages , ou de les laisser derrière soi dans la partie de la Pologne que traversait l'armée en retraite. C'est ainsi qu'elle rentra en Ukraine, aussi-bien que Lascy, qui revenait sans avoir pris Caffa.

La troisième campagne était donc terminée, et on n'avait fait aucune opération utile. Bien plus, ces forteresses d'Oczakow et de Kinburn qui avaient coûté si cher, on fut obligé de les abandonner, sans même que l'ennemi les eût menacées. Depuis la conquête on avait à diverses reprises envoyé des troupes fraîches dans ces contrées. A peine y étaient-elles arrivées qu'elles succombaient à l'insalubrité du climat. La peste vint mettre le comble à ces infortunes. Elle porta ses ravages à un tel degré, que le commandant russe fut pendant quelque tems sans avoir assez d'hommes pour former la garde ordinaire. Ce fléau accéléra la décision qu'avait prise la cour de faire raser les deux forteresses et ensuite de les abandonner. Les Russes s'enfuirent de ces déserts funestes qui avaient été le tombeau de vingt mille de leurs frères d'armes; et le commandant Stoffeln ramena en Ukraine à peine le tiers des hommes qui avaient été remis à ses ordres. La peste suivit les traces des Russes; et si elle ne se déploya pas dans le pays où ils s'étaient réfugiés, c'est que Munnich prit d'excellentes mesures pour en arrêter les progrès.

L'abandon d'Oczakow fut pour les Turcs un sujet de triomphe. Ils ne manquèrent pas de dire qu'il avait été motivé par le voisinage menaçant du séraskier de Bender. La fortune qui les avait constamment accompagnés dans cette campagne contre les Autrichiens augmentait encore leur arrogance; il en fallait une quatrième pour la dompter : elle fut résolue.

CHAPITRE VII.

Quatrième campagne de Munnich contre les Turcs en 1739.

La Russie persistait toujours à exiger qu'au moins la place d'Asof lui fût remise, et même avec toutes ses fortifications. Munnich jouissait encore à Pétersbourg de toute la plénitude de sa considération. L'impératrice avait laissé concevoir au ministre de la cour de Vienne l'espoir qu'enfin dans la campagne qui allait s'ouvrir un corps de troupes russes se joindrait aux Autrichiens. Munnich eut assez de crédit pour faire encore échouer ce projet. — « Qui peut « nous déterminer, disait-il, à envoyer nos régi- « mens en Hongrie? nous n'avons pas un seul « homme dont nous puissions nous passer ; si « nous voulons nous rendre redoutables aux « Turcs et atteindre le but que nous avons « manqué dans la dernière campagne. »

L'armée dont on lui donna le commandement se trouvait de dix mille hommes plus forte que celle qu'il avait eue récemment sous ses ordres. Munnich conduisit donc soixante-cinq mille hommes vers les rives de ce même fleuve qui, en 1738, avait été le terme de son expédition. Mais, au lieu de s'exposer à traverser encore ces déserts meurtriers de la Tartarie, qui avaient déjà dévoré tant de Russes, il prit sa route par la Pologne : on s'embarrassait fort peu que ce fût un pays neutre. Les grandes puissances ont rarement de pareils scrupules. On avait déjà franchi les limites de la Pologne dans les années précédentes, et on avait prévenu les plaintes en alléguant que c'était seulement pour y poursuivre les Turcs. Cette fois ce fut une bien plus grande portion du royaume qu'on se permit de traverser. Le chemin qu'on prit était plus court, offrait à l'armée beaucoup plus de commodités, et conduisait à un point où les rives du Dniester étaient moins escarpées. Les Turcs, trompés par une longue suite de marches et de contre-marches, incertains s'il s'agissait de Bender ou de Choczim, furent étrangement surpris quand tout à coup ils apprirent que toute l'armée russe était déjà de l'autre côté du fleuve. Munnich s'était porté en avant avec vingt mille hommes d'élite, qui, débarrassés de tout bagage, ne traînaient avec eux que des pièces de campagne; et, par une marche forcée de dix milles d'Allemagne, il était arrivé le 29 juillet au soir à Sickowza, sur les bords du Dniester. On s'occupa aussitôt de l'établissement des ponts; et les travaux furent poussés pendant la nuit avec tant d'activité, que, dès le point du jour, tout était prêt pour le passage du fleuve; et, avant le soir, toute l'infanterie et toute l'artillerie de campagne se trouvèrent sur l'autre rive. Les dragons et les cosaques n'avaient pas attendu que les ponts fussent achevés, mais, dès la veille, ils avaient profité d'un gué pour passer. Bientôt ils commencèrent leurs excursions jusqu'au-delà du Pruth, qui traverse dans toute sa longueur, du nord au midi, la Moldavie, c'est-à-dire le pays qui allait devenir le théâtre de la guerre. Le gros de l'armée suivit avec les vivres et les bagages. Ce ne fut que le 10 août que le passage du Dniester fut totalement terminé.

Munnich se trouvait dans le pays où, vingt-huit ans auparavant, Pierre-le-Grand avait éprouvé cet affront qu'il s'agissait de venger, et on se rappelle que c'était précisément pour cela que la guerre avait été entreprise; mais sa position était infiniment plus avantageuse que celle du czar ne l'avait été. Il ne restait guère à celui-ci que vingt mille hommes; Munnich commandait à plus de cinquante mille. Pierre avait osé s'enfoncer dans la Moldavie sans être suffisamment pourvu de vivres et sans avoir auparavant battu les Turcs ; Munnich, sans inquiétude pour ses subsistances, rencontre l'armée ennemie aussitôt après avoir passé le Dniester. La forcer sans retard au combat, la vaincre, c'était ce que lui commandaient les circonstances ; et avec des troupes aussi valeureuses, aussi exercées que celles qu'il commandait, cette tâche n'était pas difficile à remplir. Affamés de vengeance, pleins d'audace et de confiance en eux-mêmes, les Russes suivirent sans effort l'impulsion de leur chef. Celui que Munnich avait à combattre était le séraskier Vely Pascha, qui avait été envoyé à la rencontre de l'armée russe avec quatre-vingt-dix mille hommes. Le plan du général turc était d'attirer les Russes plus avant dans le pays, de les réduire à manquer entièrement de fourrages, de les harceler avec de petits corps de troupes, et d'anéantir ainsi leur armée sans en venir à une bataille générale.

Tout entier à son plan, il n'oppose presqu'aucun obstacle à la marche des Russes. Il les laisse traverser ces fameuses montagnes, ces étroits défilés de *Tzernanza*, espèce de Thermopyles où dix mille hommes pouvaient arrêter une armée de cent mille. Tout le monde admirait le courage de Munnich qui osait s'aventurer dans ces défilés. On admirait encore plus son étoile qui justifia cette téméraire entreprise. Il eût fallu peut-être admirer davantage sa sagacité qui lui avait fait connaître à quel ennemi il avait affaire, et ce qu'il pouvait tenter contre lui.

Au sortir de ces dangereux défilés, l'armée se déploya dans une large vallée : aussi loin que la vue pouvait s'étendre, elle découvrait devant elle des campagnes ravagées, des villages en flammes et les bataillons de l'ennemi ; cependant, à moins que Vely Pascha ne voulût livrer aux Russes Choczim et toute la Moldavie, il fallait qu'il s'occupât de les arrêter. Son projet aurait été de se retrancher sous les murs de Choczim, dans l'espoir d'être protégé par les canons de cette forteresse ; mais ses troupes aimaient beaucoup mieux, disaient-elles, se retrancher en plaine campagne, que d'aller chercher un abri sous une place peu forte dont la prise pouvait entraîner leur totale destruction ; et il fallut que Vely se conformât à leur volonté énergiquement exprimée. Après quelques combats peu importans il se retira près du village de *Stawutshane*; et là, il assit son camp sur une hauteur, dans une position forte par la nature, et qu'il rendit encore plus forte par la ligne de redoutes dont il s'entoura. Il y attendit les Russes, et l'événement prouva d'abord qu'il n'avait pas mal calculé. Dans la matinée du $\frac{16}{27}$ août il voit les ennemis marcher à lui dans un ordre formidable. Il triomphe d'avance ; il se flatte de les avoir attirés dans le piège qu'il leur avait tendu. Il fait ses dispositions pour entourer tellement l'armée des Russes qu'elle ne puisse lui échapper. Le pays favorisait parfaitement son plan. Vely était lui-même en face des Russes sous la protection de ses batteries. Il détacha contre leur aile gauche le commandant de Choczim avec un gros corps de troupes qui s'appuyait à des forêts impénétrables et à des montagnes. Un autre corps également considérable, protégé aussi par des montagnes qui s'étendaient jusqu'aux rives du Pruth, menaçait la droite des Russes : ceux-ci n'avaient pas même leurs derrières libres ; car les hordes de Tartares qui s'y amoncelaient ne leur laissaient aucun repos ni le jour ni la nuit ; et elles attendaient avec impatience le moment de tomber sur les fuyards et de les exterminer. Dans cette position, les généraux turcs regardaient les Russes comme enfermés. Dès-lors ils commencèrent à exalter la sagesse qui avait déterminé le séraskier à ne pas s'exposer au passage des défilés par les Russes. Déjà ils voyaient Munnich dans une position aussi critique que celle de Pierre-le-Grand, et se flattaient que, moins heureux que ce prince, il ne leur échapperait pas.

Cependant le général des Russes avait formé sa troupe en trois grands bataillons carrés, qui étaient protégés, contre les attaques répétées des troupes légères de l'ennemi, par les chevaux de frise et les pièces d'artillerie dont il les avait environnés de toutes parts. Il ne se dissimulait nullement combien sa position était critique. Pour se sauver il devait, sans s'affaiblir notablement, remporter une victoire complète sur les Turcs et les dissiper. Un demi-succès, dans lequel les pertes eussent été balancées, n'eût pas suffi à beaucoup près; et une défaite, non-seulement aurait été fatale à l'armée tout entière, mais encore eût pu mettre en danger l'empire de Russie lui-même; car elle eût favorisé l'inimitié mal déguisée des Polonais d'un côté et des Suédois de l'autre.

Ceux-ci, sur lesquels le souvenir de leurs pertes passées pesait douloureusement, rassemblaient déjà des troupes sur les frontières de la Russie. Les Polonais, qui ne pardonnaient pas aux Russes d'avoir traversé leur pays, se préparaient à consommer l'anéantissement de l'armée battue, en tombant sur ce qui aurait échappé au glaive des Ottomans ; ensuite ils se seraient réunis aux Turcs pour se venger de leurs oppresseurs. En un mot, le sort de l'empire russe pour une longue suite d'années dépendait de l'issue d'une seule journée ; et cette journée était précisément celle de l'anniversaire de l'impératrice ; c'était le $\frac{17}{28}$ août qui devait être une époque à jamais mémorable pour l'empire de Russie.

Il fut résolu qu'on livrerait l'assaut au camp des Turcs. Avant d'ordonner le plan d'attaque, Munnich observa à diverses reprises le pays circonvoisin avec ce coup-d'œil perçant qui lui a mérité le surnom de *Faucon*. Il fixa surtout son attention sur l'aile gauche de l'ennemi, c'est-à-dire vers l'endroit où le camp n'était pas retranché. Les Turcs avaient cru qu'il était mieux défendu par la Schulanez, dont le cours occupait de ce côté un long intervalle, et bien plus encore par les marais qui embrassaient un grand espace sur les deux bords de cette rivière, qu'il n'aurait pu l'être par toutes les redoutes du monde. Mais se frayer un chemin précisément par cet endroit réputé inabordable, rendre possible ce qui avait paru ne pas l'être, tel était le projet que l'audace de Munnich avait conçu dès la veille de la bataille. Tel fut le résultat inattendu de cette journée. Au lever du soleil, l'armée russe se mit sous les armes. Pour détourner l'ennemi du véritable point d'attaque, plusieurs corps marchèrent avec cinquante pièces de canon et quatre mortiers contre l'aile droite des Turcs. Ceux-ci, trompés par l'apparence, portèrent de ce côté leurs plus grandes forces ; et là, travaillant avec une grande activité à établir de nouvelles batteries, ils laissèrent incomplètes les lignes qu'ils avaient effectivement commencé à élever sur la ligne gauche. Une canonnade qui semblait infructueuse servit à fortifier les Turcs dans leur erreur et à leur dérober, autant qu'il était possible, les mouvemens qui se faisaient dans le camp russe. Mais quelle fut leur surprise, lorsque vers midi, ils virent l'armée ennemie faisant tout à coup volte-face, se porter avec rapidité contre leur aile gauche ! Ils furent long-temps sans pouvoir s'expliquer cette manœuvre. — *Ils fuient, ils fuient*, s'écria le pacha Kalschak ; et aussitôt il expédie un courrier pour faire parvenir cette heureuse nouvelle à Choczim dont il était commandant ; mais il devait bientôt s'y rendre lui-même pour en annoncer une bien fatale. Il ne tarda pas à voir se développer d'une manière effrayante le plan du général russe. Déjà les marais impraticables qui défendaient l'aile gauche se remplissaient d'une immense quantité de gabions que les chariots avaient apportés, et sur lesquels on posait de gros madriers de bois de chêne. Déjà vingt-sept ponts s'élevaient sur la Schulanez ; et déjà les Russes, sous la protection d'un feu violent, s'étaient frayé un chemin jusqu'au pied de la montagne avant que le commandant turc eût pu reprendre ses esprits et préparer les moyens ordinaires de défense. Ce ne fut que vers deux heures de l'après-midi qu'enfin la cavalerie turque fut en état d'opposer une résistance aux progrès des assaillans. Pour arriver jusqu'au camp, les Russes avaient encore à surmonter une hauteur d'une petite demi-lieue. Ni les difficultés qu'elle offrait, ni les attaques répétées des pelotons de cavalerie turque et tartare ne purent ralentir leur ardeur. Lorsque les chevaux manquaient de force pour traîner les batteries en haut, les soldats s'attelaient aux affûts et leur faisaient atteindre légèrement le sommet de l'éminence, au milieu des cris d'encouragement et des acclamations de la joie. Arrivés à leur but ils se trouvèrent en face d'une batterie ennemie qui vomissait la mort sur ceux qui approchaient ; mais les pièces des Russes, bien mieux servies que celles des Turcs, firent taire bientôt cette batterie. Les Turcs en établissent de nouvelles qui sont également détruites ; et déjà les Russes étaient près du camp, lorsqu'enfin, vers cinq heures, les vingt mille janissaires détachés de l'aile droite accourent, et, avec plus d'acharnement que jamais, fondent, le sabre en main, sur les Russes. Trois mille d'entre eux s'avancèrent, sans qu'on pût leur résister, jusqu'aux chevaux de frise ; mais là, ils trouvèrent le corps des gardes, qui fait la force de l'infanterie russe : ils furent reçus par un feu de mousqueterie si violent, et ce feu fut si bien secondé par celui de l'artillerie, que les attaquans furent en un instant forcés de lâcher pied. Ils prirent la fuite dans le plus grand désordre et entendirent ceux qui les poursuivaient faire retentir les airs de ce cri triomphal: *vive notre impératrice.* Ce cri fut répété d'une manière terrible et porté presque dans leur camp, tandis que les vainqueurs, d'un pas rapide et en redoublant leur feu, poursuivaient leur marche vers la plus haute sommité de l'éminence. Les Turcs épouvantés n'attendirent pas leur arrivée : ils abandonnèrent leur camp livré aux flammes, et s'enfuirent avec une telle précipitation, que même les troupes légères qui les poursuivaient ne purent en prendre qu'un très-petit nombre. En revanche, les Russes firent un immense butin; ils trouvèrent le camp et tout le pays d'alentour couverts de bagages, de provisions de bouche, de munitions et autres objets relatifs à la guerre. Ils trouvèrent plus de mille tentes encore dressées, quarante pièces de bronze et six mortiers. Le champ de bataille était jonché d'un millier de Turcs. Les Russes n'avaient perdu en tout que soixante-dix hommes entre morts et blessés. On n'avait jamais remporté à moins de frais une victoire aussi complète et aussi décisive; et, ce qui paraîtra singulier, c'est que le théâtre de cette victoire, *Stawutschane*, le nom de ce lieu immortalisé par un pareil succès, ne se trouve sur aucune carte connue, ni même dans le grand dictionnaire géographique que Müller nous a donné de l'empire de Russie.

Munnich ne se bornait pas à savoir vaincre, il savait aussi profiter de la victoire. Dès le jour suivant il se met à la tête de trente mille hommes, et emmenant sa grosse artillerie, il se porte à marches forcées vers la forteresse de Choczim. Une foule de canons, de mortiers, de boulets, de barils de poudre et de chariots, que les ennemis avaient laissés en arrière, lui traçaient la

route qu'il avait à suivre. Le soir du même jour
son armée se trouvait à quatre petites lieues de
la ville. Pacha Kalschak, qui en était le commandant, y avait déjà porté la nouvelle de la
défaite des Turcs; mais dans sa fuite précipitée
il n'avait pu y ramener les dix mille hommes avec
lesquels il avait marché au secours du séraskier
Vely, qui en avait entraîné la plus grande partie
dans sa déroute. Aussi rendit-il la place le jour
suivant à la première sommation. La garnison turque qui mit bas les armes s'élevait à peine à huit
cents hommes. Ce ne fut pas sans une sorte d'é-
tonnement que Munnich se vit en possession d'une
des plus importantes forteresses des Turcs. A une
grande distance autour de lui, il n'y avait pas
un seul corps ennemi qui pût le contrarier dans
l'exécution de ses projets ultérieurs. Une terreur panique semblait s'être emparée des Turcs.
Le souvenir de la redoutable artillerie des
Russes et de leur valeur irrésistible les poursuivait encore dans leur fuite. Trois jours après
la bataille il y en eut beaucoup qui se préci-
pitèrent dans le Pruth; et la plupart d'entre eux
ne se crurent en sûreté que lorsqu'ils se trouvèrent de l'autre côté du Danube. Trois mille
seulement purent se déterminer à se jeter dans
la place de Bender, qui, mal pourvue comme

elle l'était, n'aurait opposé aux Russes qu'une bien courte résistance. Le séraskier vaincu alla cacher sa honte dans un petit village au bord du Pruth, et ne put échapper qu'ainsi à la mort dont le menaçaient les janissaires irrités.

Le passage du Pruth fut dès-lors effectué sans obstacle par les Russes, et la conquête de toute la Moldavie leur devint très-facile; et, par un de ces jeux de la fortune qui étonnent toujours, quoiqu'ils ne soient pas rare dans l'histoire, l'hospodar de cette province, *Ghicca*, fut forcé de fuir devant le fils de Cantemir, qui, autrefois revêtu de la même dignité, avait payé de la perte de sa principauté son attachement pour Pierre-le-Grand. L'armée russe s'accrut de jour en jour de Moldaves et de Valaques qui venaient se ranger sous ses drapeaux; et ses troupes légères poussèrent leurs excursions jusqu'au bord du Danube. Les employés de la Porte en Moldavie vinrent rendre hommage au commandant de l'armée russe, et Munnich fit son entrée à Jassy, capitale de la province. On rapporte qu'à son approche tous les Boyards, avec leur métropolitain, allèrent à sa rencontre pour ajouter, en l'escortant, à la solennité de sa réception. Le métropolitain avait fait ériger sur son chemin un petit autel sur lequel il avait placé, entre la croix et l'évangile, un vase plein d'eau bénite, qui était destinée à l'ablution du général russe. Il avait aussi préparé un cantique dont l'objet était de remercier Dieu du nouveau gouvernement qui comblait les vœux de ceux qui allaient en jouir. Il présenta au feld-maréchal, qui était à cheval, la croix et le livre des évangiles, pour qu'il les baisât en signe de concorde. Munnich se borna à baiser le livre des évangiles. Le métropolitain prononça ensuite en langue illyrienne une courte harangue qui avait pour texte ces paroles du psaume : *Que le Seigneur bénisse son entrée et sa sortie.* Les généraux russes s'égayèrent un peu sur le choix d'un pareil texte, dont ils ne prévoyaient pas que les derniers mots étaient une prophétie.

Les Moldaves ne furent pas les seuls sur lesquels la récente victoire produisit un changement si subit. Les Polonais, moins sincères, mais non moins empressés dans l'expression de leurs vœux, convertirent tout à coup leurs menaces en félicitations. Les Suédois changèrent aussi de langage et de mesures. Ils venaient de signer un traité d'alliance défensive avec la Porte. On découvrit que le major suédois, Sinclair, devait en rapporter la ratification à Constantinople. Munnich en informa sa cour et fut chargé de faire arrêter sur la route le négociateur et ses dépêches. Sinclair ne fut pas seulement arrêté, il fut assassiné. Les ennemis de Munnich (Manstein entre autres) ont prétendu que cette mort avait été concertée entre Biron, Osterman et lui ; mais ce n'est pas sur de si légers indices que l'impartiale histoire doit accuser d'une atrocité un homme recommandable à tant d'égards.

Quoi qu'il en soit, les succès des troupes russes rendirent les Suédois moins entreprenans. Ils retirèrent leurs troupes des frontières de la Russie. L'empire fut sauvé ; et la nation proclama Munnich *la colonne de l'Empire.*

Le général victorieux, en rendant compte à Biron de sa glorieuse campagne, affecta un ton de modestie et même de dévotion qui n'empêchait pas de voir la satisfaction qu'il avait de lui-même. Elle mérite d'être rapportée presque en entier, parce qu'elle peint à la fois l'homme et le général, et qu'elle présente un résumé rapide de toute l'expédition qu'il venait de consommer.

Lettre du maréchal Munnich à Biron.

(29 août. — 10 septembre 1739.)

« On doit avouer que Dieu répand sa bénédiction sur toutes les entreprises de S. M. I.

notre très-gracieuse souveraine. Le Pruth, qui était pour ainsi dire une *malédiction* pour la Russie, nous est devenu propice et sera la base d'une paix heureuse et bonne.

« Rassembler une armée à Kiow des bords du Don et du Donetz, des lignes de l'Ukraine et d'autres provinces éloignées du Dniester ; lui faire franchir le Dnieper, qui au printemps s'était répandu à près d'un mille d'Allemagne au-delà de ses bords ; marcher des frontières de la Russie à travers la Pologne jusques dans la Moldavie, sans être pourvu de bêtes de trait ni d'aucun des objets dont on a besoin à la guerre ; passer, en présence de l'ennemi, le Bog, le Dniester, les défilés *Tzernanza*, sans subir la moindre perte ; enlever de l'autre côté du Pruth, et pour ainsi dire sur les pas mêmes de l'ennemi, plusieurs milliers de bêtes à cornes, de chevaux et de moutons, et fournir ainsi l'armée d'attelages et de subsistances ; repousser toutes les attaques des Turcs et des Tartares, en leur faisant éprouver des dommages considérables ; chasser et poursuivre d'un camp dans un autre le fameux pacha Kalschak avec toutes ces hordes de Tartares, qui ne font jamais de quartier et qui n'en reçoivent de personne ; attaquer le séraskier Vely pacha dans un camp bien retranché, où il était avec quatre-vingt-dix mille hommes, dont il avait détaché une partie pour nous cerner ; le battre, lui enlever ses tentes, son bagage, six mortiers, quarante-deux pièces de canon, avec les munitions correspondantes, et ne perdre que soixante-dix hommes entre morts et blessés ; emporter la forteresse de Choczim, pourvue de cent cinquante-sept canons, vingt-deux mortiers, et de tous les moyens de défense ; faire prisonnier un pacha avec toute sa garnison, sans avoir eu à tirer un coup de fusil ; poursuivre l'ennemi fugitif jusqu'au Pruth ; passer ce fleuve avec l'armée ; établir des redoutes sur ses bords ; et prendre pied dans le centre même du pays ennemi ; repousser jusqu'au-delà du Danube l'hospodar de Moldavie hors de sa résidence et de sa province ; lever des contributions et se procurer des vivres ; voir enfin son armée dans l'abondance, dans le meilleur état possible et presque sans malades : toutes ces choses ne peuvent s'être exécutées sans qu'on n'y reconnaisse la main du Tout-Puissant qui les a conduites à une si heureuse fin. La plupart de ces évènemens sont de telle nature, que celui qui n'en a pas été témoin les révoquera en doute. Il aura peine à croire surtout que les janissaires, dans la fureur de leur attaque, aient été accueillis par un feu si terrible qu'ils n'aient pu se servir ni de leurs mousquets ni de leurs sabres ; que la frayeur se soit emparée des ennemis à tel point, que, trois jours après la bataille, beaucoup d'entre eux se sont précipités dans le Pruth, et que la plupart se sont enfuis jusqu'au Danube sans regarder derrière eux!....

« Je reçois journellement de Pologne des députations solennelles et des lettres de félicitation ; et il n'y a pas de doute qu'avec l'appui divin la campagne n'ait un résultat glorieux, etc. »

Ce n'était pas encore là le terme des espérances de Munnich. Si les Turcs ne souscrivaient pas à la paix, il se proposait de passer le Danube l'année suivante, et de s'enfoncer dans l'intérieur des provinces turques. Il se flattait de réunir la Moldavie à l'empire russe, et il ne croyait pas que l'impératrice, en le créant hospodar de cette province, l'eût récompensé au-delà de ses mérites.

Aussi fut-il vivement affecté en apprenant que la fortune trahissait les armes de l'Autriche dans la même proportion qu'elle favorisait celles de la Russie. La défaite que les généraux autrichiens éprouvèrent à Grotka les abattit tellement, que, par la médiation de la France, et tandis que leur armée était encore en possession de Belgrade, qu'ils pouvaient défendre encore long-temps, ils signèrent dans le camp des Turcs une paix séparée et une paix désavantageuse, en vertu de laquelle Belgrade passa sous la domination de la Porte.

A cette nouvelle, Munnich écrivit au général autrichien, prince Lobkowitz, une longue lettre dans laquelle il joignait à l'énumération des exploits de son armée l'expression de ses vifs regrets qu'ils ne pussent plus avoir les suites brillantes dont il s'était flatté. Il ajoutait que la paix qui venait d'être signée faisait avorter tous les projets ultérieurs de la Russie, lui enlevait même l'espoir de conserver ses conquêtes et l'exposait à des dangers imminens. — *Qu'est devenue*, disait-il avec amertume, *cette alliance si sainte, si étroite qui devait être indissoluble ? Du côté de la Russie on prend des forteresses : du côté de l'Autriche on les démolit et on les cède à l'ennemi. La Russie conquiert des principautés ; l'Autriche restitue des royaumes. L'ennemi commun du nom chrétien est poursuivi à outrance et affaibli par les Russes ; les Impériaux lui accordent tout ce qui peut flatter et augmenter son orgueil. Du côté de la Russie* on continue la guerre ; du côté de l'Autriche on conclut une suspension d'armes et la paix ! Qu'est devenue, je le répète, l'alliance indissoluble ! Assurément, quand même l'armée impériale aurait été réduite aux dernières extrémités, la cour de Vienne, avec l'appui de la Russie, aurait obtenu une paix plus honorable, etc. — Munnich en venait ensuite à des récriminations, à des comparaisons mortifiantes pour l'Autriche, entre ses procédés et ceux de la Russie. On pouvait, disait-il, s'en reposer sur ma souveraine, sur une alliée puissante, fidèle, heureuse et dont le ciel protège les armes. Fallait-il donc tant se presser ; et sans nécessité, sans danger même apparent, conclure une paix souverainement préjudiciable aux deux cours impériales à la fois. — Conclure une paix séparée, disait-il plus bas, nous a paru une chose monstrueuse. L'ennemi héréditaire nous en avait plus d'une fois fourni le prétexte en nous promettant les plus grands avantages ; mais ma souveraine a constamment rejeté ses propositions. — L'Autriche a conclu sa paix ; mais il ne paraît pas qu'il soit encore question de la nôtre. Je suis seulement informé que le ministre de France, le marquis de Villeneuve, à qui ma souveraine a envoyé ses pleins pouvoirs, a reçu en même *temps des instructions d'après lesquelles il peut traiter avec la Porte. La paix sans doute ne sera conclue que conformément à ces instructions; et on n'oubliera pas non plus que nous ne pouvons rendre Choczim et la Moldavie sans obtenir un équivalent. Je vais donc continuer les hostilités; et ma confiance dans le Tout-Puissant me fait espérer que, de même qu'il nous a* SEULS *conduits de sa main bienveillante dans le commencement de cette guerre contre les Turcs, de même aussi il nous prétera jusqu'à la fin son énergique appui, etc. etc.*

Mais le ressentiment, quoiqu'assez légitime, du maréchal Munnich, ses regrets, les projets de son ambition, furent sans influence dans le cabinet de Pétersbourg. On y fut bien plus frappé de l'idée que la Russie, une fois qu'elle était abandonnée de l'Autriche, allait avoir à porter seule tout le poids de la guerre, et que la conservation des avantages qu'elle avait rapidement obtenus les armes à la main devenait dès-lors un problème.

En effet, d'après le traité de paix qui fut signé environ un mois après celui de Belgrade, quoiqu'on l'ait daté du même jour, la Moldavie fut évacuée, la place de Choczim fut rendue aux Turcs, aussi-bien que celles d'Oczakow et de

Kinburn. La Russie dut même se désister de la prétention qu'elle avait d'abord énoncée avec beaucoup de fermeté, celle de recouvrer de la Porte la place d'Asof, complètement fortifiée. Il fut stipulé, à la vérité, que cette place resterait aux Russes, mais que toutes ses fortifications seraient rasées, et que tout le territoire environnant resterait désert, conformément au traité de 1700, et servirait de limite aux deux empires. La Russie obtint en revanche la faculté de construire une forteresse dans le voisinage d'une petite île du Don, nommée *Tscherkosk*, qui formait l'ancienne limite de la Russie; en même temps qu'il fut permis à la Porte d'en bâtir une au bord du Kuban, en face d'Asof. Il fut en outre stipulé que la forteresse de Taganrok, qui était déjà démolie, ne serait pas rétablie; que la Russie ne pourrait tenir de vaisseaux ni sur la mer d'Asof ni sur la mer Noire; que la grande et la petite Kabarda resteraient indépendantes et formeraient la séparation entre les deux empires; que le commerce entre les sujets respectifs serait libre; mais que celui des Russes sur la mer Noire ne pourrait se faire qu'avec des bâtimens turcs; que les Russes pourraient visiter les lieux saints sans être obligés de payer aucune contribution ; que

9 *

quant au titre d'empereur que voulait prendre
le souverain de la Russie, les deux puissances
s'arrangeraient à l'amiable. Nous omettons quelques autres stipulations encore moins importantes.

C'est à quoi se réduisit tout le fruit que re-
cueillit la Russie d'une des plus glorieuses campagnes que présentent les annales de cet empire. Elle eut du moins pour cette puissance
deux avantages d'un autre genre. Elle effaça la
honte de la paix du Pruth, et rendit les armes
russes plus retoutables que jamais pour les
Turcs. Les Tartares s'écrièrent à cette occasion :
*Non, ce ne sont plus ces mêmes Russes dont une
centaine fuyait devant dix d'entre nous; Munnich les a changés.* — *Le sultan*, disaient de
leur côté les janissaires, *devrait donner la
moitié de son empire pour avoir un général
comme Munnich.* Enfin l'empereur Charles VI,
qui avait de la peine à pardonner la paix de
Belgrade à ses généraux Wallis et Neiperg,
disait publiquement : *Si j'avais eu un Munnich
à la tête de mes armées, je n'aurais pas conclu
une pareille paix.* On pourrait croire que l'éclat
des triomphes inouis du maréchal Munnich,
surtout dans cette dernière campagne, a fait
illusion à ses contemporains sur sa capacité

militaire; mais on ne récusera pas du moins le suffrage du grand Frédéric, qui, dans le tome premier de ses *OEuvres posthumes*, s'exprime ainsi sur le compte de ce général : — « Le comte « de Munnich, qui du service de Saxe avait « passé à celui de Pierre, était à la tête de « l'armée russe. C'était le prince Eugène des « Moscovites. Il avait les vertus et les vices des « grands généraux; habile, entreprenant, heu- « reux, mais fier, superbe, ambitieux, et quel- « quefois trop despotique, et sacrifiant la vie « de ses soldats à sa réputation. Lascy, Keith, « Lœwendahl et d'autres habiles généraux se « formaient dans son école. »

Le roi de Prusse paraît au reste avoir fait de tout temps un cas particulier du maréchal Mun-nich, et avoir saisi les occasions de l'en con-vaincre. On en trouve une preuve dans la ré-ponse de ce prince à ses félicitations sur la signature de la paix d'Hubertsbourg. « J'y ai « été d'autant plus sensible, lui disait-il, que « vous m'y avez confirmé les sentimens d'atta- « chement que vous avez toujours professés à « mon égard, et que ni le temps, ni les circons- « tances n'ont pu jamais effacer en vous. Je « vous en suis infiniment redevable et me fais « un véritable plaisir de vous assurer que, dans

« quelque conjoncture que ce soit, je n'ai
« jamais cessé d'admirer vos lumières supé-
« rieures et d'estimer vos vertus , aussi-bien
« que d'être sincèrement de vos amis. Ce sera
« toujours un sujet de satisfaction pour moi de
« vous voir à ma cour et de pouvoir vous con -
« vaincre de toute l'étendue de mon estime et
« de ma bienveillance.

FRÉDÉRIC.

Le terme de la campagne de 1739 fut celui
de la carrière militaire de notre héros. Il était
difficile de sortir de la lice d'une manière plus
brillante. Nous allons voir la fortune lui faire
éprouver des revers non moins éclatans que
l'avaient été ses succès.

CHAPITRE VIII.

Retour de Munnich. Part qu'il prend aux diverses révolutions de la Russie. Sa disgrace.

La campagne finie, Munnich se hâta d'aller jouir de sa gloire à la cour de sa souveraine. Il y reparut avec un extérieur qui annonçait trop peut-être qu'il sentait tout ce qu'il valait. Il ne ménagea peut-être pas assez l'envie, qui l'attendait à son retour. On pourrait appeler vanité le sentiment qui le faisait aspirer à des récompenses dignes de ses longs services. Mais de toutes les faiblesses humaines c'est la plus pardonnable, surtout quand elle s'appuie sur de véritables titres. Elle l'est surtout parmi des hommes aux yeux desquels la faveur du souverain semble nécessaire pour donner au mérite toute sa valeur. Dans l'absence de Munnich, Biron, son rival, était devenu duc de Courlande par la seule volonté de l'impératrice Anne. Munnich crut qu'il pouvait sans présomption

aspirer à une pareille dignité, en dédommagement de celle d'hospodar qui lui avait échappé;
et, en effet, si l'on en croit les mémoires de
Manstein, il avait, même avant son arrivée,
fait connaître au favori son désir d'être nommé
duc d'Ukraine par l'impératrice. Ce vœu n'avait
été accueilli ni par Anne ni par Biron. Mais
Munnich fut reçu dans la capitale avec une
distinction marquée. On attendit sa présence
pour publier la paix et pour la célébrer. Il
reçut des mains de l'impératrice une riche épée
d'or et un de ses ordres avec la plaque en
diamans. Son traitement fut aussi considéra-
blement augmenté; et, ce qui était bien plus
important et bien plus honorable, il fut nommé
lieutenant - colonel du régiment des gardes
preobraschenski, corps qui avait été établi par
Pierre-le-Grand pour remplacer celui des *stre-
litz*, autrefois si redouté, et dont la place de
colonel était restée pour toujours réservée au
souverain.

Son influence sur les affaires militaires était
encore la même qu'avant la guerre. Ce fut
d'après sa proposition que tous les officiers
russes qui avaient servi vingt ans et avaient
fait les dernières campagnes eurent la faculté
de demander leur congé. Il avait présumé qu'il

y en aurait peu qui profiteraient de cette permission ; il s'était trompé. Des officiers qui n'a-
vaient pas plus de trente ans, mais qui presque
dès le berceau avaient été inscrits sur le con-
trôle des régimens, cherchèrent à faire valoir
ces années de leur enfance comme des années
de service et sollicitèrent leur démission. La
quantité des demandes fut si considérable qu'on
fut obligé de révoquer l'ukase au plus vite.

On y fut surtout déterminé par les approches
de la guerre dont la Suède menaçait la Russie.
L'infatigable Munnich, sur les apparences de
cette guerre, partit en diligence avec le prince
héréditaire de Courlande pour aller secourir les
frontières de Suède, et visiter les fortifications
des places de Wibourg, de Kexholm , de
Schlusselbourg et de Cronstadt. Dans cette
dernière il s'aboucha avec les amiraux pour
concerter les futures opérations de la flotte.

A son retour il trouva l'impératrice malade ;
et chacun se demandait quel serait son successeur.

Pour porter Anne au trône de Russie on
avait mis de côté la lignée de Pierre-le-Grand
en faveur de celle d'Ivan, son frère aîné, dont
Anne était la fille. Il existait alors une fille de

Pierre (1), Elisabeth, qui avait un neveu, fils de sa sœur, le prince de Holstein. Anne voulant maintenir la succession dans sa branche avait marié la fille de sa sœur, la duchesse de Mecklenbourg, au prince Antoine Ulric de Brunswick; et il était né de ce mariage un jeune prince nommé Ivan, que chacun regardait comme l'héritier du trône. L'impératrice l'avait même nommé solennellement pour son successeur; mais elle avait dès-lors un pressentiment des malheurs qui lui étaient réservés. Elle avait dit un jour à Biron (2) : « Je veux exécuter ce « qui est de mon ministère. J'abandonne à « Dieu la conduite de ce qui lui appartient. Je « sais d'avance que je laisse ce pauvre enfant « dans de tristes circonstances. Il n'est point en « état de s'aider lui-même. Son père et sa « mère n'en ont pas le pouvoir. Le père, en « particulier, n'a pas reçu du ciel en partage « ce qui lui serait nécessaire pour en être le « support. La mère, il est vrai, ne manque pas

---

(1) Voyez, pour la famille de Pierre-le-Grand, le petit tableau généalogique qui termine ce volume.

(2) On trouve cette lettre écrite en français par Biron dans un mémoire qui a pour titre : *Motifs de la disgrace d'Ernest Jean de Biron*, et qui a été recueilli dans *le Buschings. Magasin*, partie IX.

« d'esprit ; mais elle a un père encore vivant,
« connu pour tyran de ce pays. Il y viendra sur-
« le-champ, s'y comportera comme dans le
« Mecklenbourg, entraînera l'empire dans de
« funestes guerres, et le plongera dans les der-
« niers malheurs. Oui, j'ai lieu de craindre
« qu'après ma mort on ne jette les hauts cris
« sur ma mémoire. » On savait d'ailleurs qu'a-
près avoir signé l'acte qui nommait le prince
Ivan héritier de son trône, elle s'était levée et
avait dit en soupirant : *J'ai tremblé, en écrivant
ma signature, bien plus que lorsque je signai
la déclaration de guerre contre la Porte.*

Les craintes de cette princesse n'étaient que
trop fondées. Un homme comme Pierre-le-
Grand avait eu besoin de toute sa force pour se
soutenir sur le trône de Russie; et le prince
Ivan était un enfant de quelques mois! Pendant
sa longue minorité, qui tiendra le sceptre d'une
main ferme ? qui le protègera contre les puis-
santes cabales des Russes ? Fatigués de l'odieuse
influence des Allemands, ils avaient depuis
long-temps jeté les yeux sur Elisabeth, cette
fille d'un grand homme, qui était pour eux
une espèce de divinité; et c'était d'elle qu'ils
attendaient l'expulsion des étrangers.

La régence appartenait, sans contredit, à

la mère du jeune Ivan , conjointement avec son époux , le duc Antoine Ulric de Brunswick ; mais ne devait-on pas craindre qu'au moment de la vacance du trône , le grand-père de cet enfant qui devait l'occuper, ce duc de Mecklenbourg , ce prince inquiet et généralement détesté , ne se hâtât de venir en Russie, ne cherchât à prendre de l'influence dans les affaires, ne voulût se venger des cours de Vienne et de Hanovre , et ne précipitât l'empire dans la guerre et dans la désolation ? Ou si l'on voulait confier les rênes du gouvernement au duc Antoine Ulric , ne s'exposait-on pas à un autre inconvénient, celui de voir un ministre de la cour de Vienne dominer dans le cabinet de Pétersbourg , et l'entraîner dans toutes les querelles de la maison d'Autriche ?

Telles étaient les sollicitudes de l'impératrice Anne. Munnich et les autres personnes qui l'entouraient ne manquèrent pas de les alimenter. Dans cette perplexité , Anne jeta les yeux sur son fidèle favori Biron. Munnich pesa les circonstances avec sa sagacité ordinaire : il était pénétré du danger que les Allemands allaient courir, de la nécessité d'assurer à la Russie un gouvernement actif et énergique. Il connaissait la supériorité de son esprit sur celui des deux personnes qui prétendaient à la régence, et il se flattait bien de régner par le fait sous leur nom. Mais quel était celui de ces deux régens dont il devait attendre le plus d'avantages? Voilà ce qu'il ne pouvait décider. Cependant, comme il trouva les autres grands de l'empire disposés en faveur de Biron, il se détermina à lui prêter son appui. L'élévation du duc de Courlande devait lui convenir d'autant plus qu'il prévoyait que, si la mère d'Ivan obtenait la régence les princes allemands, le duc Antoine Ulric, mari de la nouvelle régente, et le le duc de Mecklenbourg, son père, joueraient le principal rôle, et lui disputeraient en particulier cette place de généralissime des armées terrestres et maritimes de la Russie, à laquelle il croyait avoir des droits depuis long-temps. Il n'avait pas une pareille opposition à redouter de la part de Biron.

Ostermann s'étant bientôt après également décidé pour le duc de Courlande, plusieurs grands se rassemblèrent auprès de l'impératrice malade, pour concerter avec elle les arrangemens auxquels elle était déjà disposée; et pour lui éviter les embarras d'une longue discussion, il fut convenu qu'Ostermann lui présenterait un acte approuvé par le prince Tscherkaskoï, ministre du cabinet, par le conseiller intime Bestuchef, et par quelques autres personnages considérables. Cet acte déférait la régence au duc Biron de Courlande, jusqu'à ce que le jeune empereur eût atteint sa dix-septième année. Après avoir poussé un soupir et avoir hésité quelque temps, Anne signa l'acte qu'on lui présentait et dit : *Je plains Biron, il sera malheureux.*

Biron, loin de partager ce pressentiment, témoigna aux grands sa reconnaissance et chercha à les flatter en s'écriant : *Vous avez agi comme agissaient les anciens Romains.* Quel sens prétendait-il donner à ces paroles ?

La maladie de l'impératrice fit depuis chaque jour des progrès. Les principaux officiers de la couronne se réunirent autour de son lit de mort. Elle tourna vers Munnich ses yeux prêts à se fermer, et lui dit : *Adieu feld-maréchal.* Ce furent ses derniers mots.

Quand elle eut expiré on lut son testament à haute voix. Le duc Antoine Ulric et son épouse, qui étaient présens, dissimulèrent très-bien leur mécontentement sur la nomination de Biron à la régence. La duchesse ne put cependant pas déguiser l'émotion douloureuse qu'elle éprouva comme mère. « *Du moins*, dit-elle, *le régent*

« n'aura pas de pouvoir sur la personne de l'em-
« pereur. Quoi qu'il en coûte, je ne souffrirai
« pas qu'on me sépare de mon enfant. » Après
avoir proféré ces paroles, elle fit placer son lit
à côté du berceau de son fils et y passa la nuit.

Biron prononça son serment comme régent
entre les mains de Munnich. Mais il était facile
de prévoir que sa régence, en faveur de laquelle
l'opinion publique s'expliquait si faiblement,
ne serait pas de longue durée. La scène changea
même plus tôt qu'on n'aurait pu le croire, et ce
fut Munnich qui joua le rôle principal dans
cette révolution.

Biron tenait à peine depuis quelques jours
les rênes de l'empire, que déjà des nouvelles de
conspirations vinrent de tous côtés lui donner
des alarmes. On qualifiait sa régence d'usur-
pation manifeste; on représentait les parens de
l'empereur mineur comme des victimes d'une
oppression criante. Le duc Antoine Ulric lui-
même, encouragé par ces témoignages du mécontentement public, cessa de dissimuler le
sien. Il s'exprima sans ménagement sur la nouvelle régence. *C'était*, disait-il, *une chose honteuse qu'il fût, lui, père de l'empereur, subordonné au favori de la dernière impératrice, à
un homme sorti du néant.*

Le régent, informé des dangereuses intentions du duc par les aveux de quelques hommes qu'il avait fait arrêter, ne perdit pas un moment à s'en expliquer avec lui. Le duc eut d'abord recours à des réponses évasives; mais il finit par dire : *Au reste, quelque chose qui arrive, un massacre est inévitable. — Un massacre !* s'écria Biron bien étonné, *comment pouvez-vous parler ainsi de sang-froid d'une chose aussi horrible ! Il m'est impossible de croire que vous y prétiez les mains.* — Sur quoi le duc répéta jusqu'à trois fois : — *Je vous assure que ce ne sera pas moi qui commencerai. — Comme si ce n'était pas la même chose,* lui répliqua Biron, *d'exciter un soulèvement ou de le favoriser lorsqu'il a éclaté. Au reste, si le testament de l'impératrice Anne restait sans valeur, ce serait peut-être précisément vous et votre fils qui auriez le plus à en souffrir. Méditez bien ceci. L'ordonnance qui fixe la régence est la même que celle qui a placé votre fils sur le trône ; et l'anéantissement de l'une de ces mesures entraînerait la ruine de l'autre.*

En terminant ces phrases menaçantes, Biron le quitta et convoqua sans délai les grands auxquels il était redevable de la régence. Ils se rendirent chez lui, et Munnich avec eux.

Ce fut avec autant d'indignation que de surprise qu'ils apprirent de sa bouche les propos du duc Antoine Ulric. A l'instant on fit appeler son confident intime, Kaiserling, conseiller de la cour de Wolfenbuttel. Kaiserling chercha à excuser son maître; il prétendit qu'on avait mal interprété ses paroles. Mais le régent, qui croyait les avoir très-bien comprises, s'emporta au point de qualifier d'imposteur le conseiller du duc. *Ici,* dit Biron dans un accès de chaleur, *les subterfuges d'avocat ne servent de rien. La chose est d'une grande importance. Il y va de l'existence ; il y va de la tête.* Puis se promenant à grands pas d'un bout de la chambre à l'autre : *Est-ce que je suis donc un empoisonneur ? est-ce que j'aspire au sceptre et à la couronne ?*

En ce moment la princesse Anne entra dans l'appartement. Elle désapprouva hautement la conduite de son époux; elle assura qu'elle ignorait absolument les projets qu'il pouvait avoir conçus, et promit de l'amener elle-même pour opérer une réconciliation.

En effet, le duc de Brunswick parut bientôt après. Tous les assistans l'accablèrent de reproches. Plusieurs d'entre eux, et surtout Biron et Munnich, lui tinrent des propos très-durs sur sa conduite, et en particulier sur ce qu'il avait dit de la nécessité d'un massacre. *Vous êtes le père de l'empereur*, lui dit le général Ushakof; *mais sachez que je suis le plus ancien lieutenant-colonel de la garde et du régiment de Semenowisck, sur lequel vous vous reposez, et dont vous croyez pouvoir disposer à votre volonté! Abjurez cette erreur : ne pensez pas que je cesse d'être un homme d'honneur.*

Le duc voulut vainement recourir à de mauvaises défaites. On le traita avec si peu de ménagement, qu'enfin le dépit lui fit venir les larmes aux yeux, et qu'il porta la main sur son épée. — *C'est bon*, lui dit Biron, *vous avez trouvé votre homme en moi.* Cette espèce de défi n'alla cependant pas plus loin; et le duc quitta l'assemblée.

Dans la discussion très-animée qui venait d'avoir lieu il avait offert de se démettre de toutes ses places. L'assemblée se saisit de cette ouverture dès qu'il se fut retiré, et arrêta sur l'heure que, pour affermir le trône du jeune empereur, il était nécessaire que le duc fût invité à demander la démission de toutes les charges dont il était revêtu dans l'empire, et de ne pas se laisser voir en public pendant un certain temps.

Cet arrêté lui fut porté par le conseiller intime Munnich, frère du feld-maréchal ; et Antoine Ulric se détermina à s'y conformer. On fit connaître au public son abdication.

On pense bien que cet incident n'était pas propre à rétablir la bonne intelligence entre le régent et les parens du jeune empereur. Il était réservé à Munnich de faire entièrement éclater la rupture.

Pour apprécier sa conduite dans cette circonstance, on doit se rappeler combien la nation était favorablement disposée pour la fille de Pierre-le-Grand, Elisabeth. Cette princesse, il est vrai, avait joué un rôle tout-à-fait passif sous le règne de l'impératrice Anne, et les nouveaux évènemens n'avaient rien changé à son calme apparent : mais Munnich était trop pénétrant pour s'y méprendre. Son attention était constamment fixée sur Elisabeth ; car il voyait très-bien qu'elle pouvait d'un seul acte de sa volonté renverser tout l'édifice érigé par l'impératrice Anne. Il ne pouvait pas se dissimuler non plus qu'il serait lui-même enseveli sous les débris de cet édifice. Son devoir envers son souverain et son propre intérêt lui faisaient donc une loi de ne pas perdre un seul instant de vue ni le régent, ni les parens du jeune empereur.

Il trouva facilement accès auprès de ceux-ci. Attentif à faire surveiller la princesse Elisabeth, il avait appris par différentes personnes, entre autres par mademoiselle de Mengden, qu'elle montrait un portrait du duc de Holstein, fils de sa sœur ; portrait qui n'avait été connu de personne tant que l'impératrice avait vécu ; qu'en le laissant voir elle faisait un grand éloge de la personne et du caractère du jeune prince. Munnich fit part de cette découverte au duc de Brunswick et à son épouse. La duchesse la communiqua au régent ; et Munnich en prit occasion de s'en expliquer avec celui-ci. — *Elisabeth ne montre pas ce portrait sans quelque raison*, lui dit-il ; *le trône d'Ivan chancelle, et la vie de nous tous est en danger si l'on ne prend pas des mesures plus sévères : vous devriez défendre à la princesse Elisabeth de faire voir le portrait de son neveu.* — *Mais comment le puis-je*, lui répondit Biron ; *il est assurément permis à chacun d'avoir le portrait de ses proches et de le montrer à qui l'on veut ; et j'interdirais cette faculté à une princesse pour laquelle tout l'empire a la plus profonde vénération !* Munnich répliqua que ce qui était innocent en soi-même devenait suspect suivant les temps et les circonstances. Mais voyant que Biron prenait mal cet avis, il se retira.

Il n'en continua pas moins ses recherches avec sa vigilance accoutumée. Bientôt elles lui apprirent que les gens attachés au service intérieur de la princesse Elisabeth fréquentaient assidûment la maison du marquis de la Chétardie, ministre de la cour de France. Il s'empressa de transmettre cette nouvelle découverte au régent, d'éveiller son attention sur les intrigues de la France et sur les dangereuses suites qu'elles pourraient avoir. *Je vous le répète*, lui dit-il, *il faut recourir à de sérieuses mesures.* Biron répondit à ce nouvel avis avec la même indifférence qu'aux précédens. — *Croyez-moi, ces liaisons qui vous font ombrage sont très-insignifiantes. Au reste, vous savez aussi-bien que moi que si Elisabeth veut former quelque entreprise elle peut en venir à bout. Elle serait appuyée de toute la puissance du peuple.* — *Je pensais,* lui répliqua Munnich, *que le peuple se complairait dans l'idée de voir de nouveau un* HOMME *sur le trône ; cependant vous pourriez bien avoir raison. Ce n'est que des soldats que j'ose répondre.* — *Vous vous en flattez en vain : je n'en excepte pas même le régiment des gardes qui est immédiatement sous vos ordres.* — *Mais,* répliqua Munnich, *par tout ce que vous me dites vous ne faites que*

*prouver encore plus l'urgente nécessité des me-
sures les plus rigoureuses. Voulons-nous donc
dépendre éternellement des volontés de la princesse, rester sans cesse exposés à des dangers ?
Il n'y a pas un instant à perdre... ... Pierre-le-
Grand fit enfermer dans un couvent sa sœur,
qui lui donnait de l'inquiétude.*

A ce mot de *couvent*, le régent laissa échapper
un mouvement de frayeur, puis fut plongé
long-temps dans une rêverie silencieuse. Repre-
nant enfin ses sens il dit d'un ton ironique :
*vraiment ce serait-là entamer l'affaire du bon
biais* (1).

Munnich s'aperçut bientôt que Biron se
méfiait de sa sincérité et s'imaginait qu'on voulait lui tendre des pièges pour opérer sa propre
ruine. Il rentra donc adroitement dans la question par ces paroles : *Mais enfin, supposons que
ce ne fût que pour quelques années que la princesse fût enfermée dans un cloître !*

Il s'était cependant déjà trop avancé pour

---

(1) Nous conservons les propres expressions de Biron ,
quoiqu'elles ne soient pas trop françaises. Car il paraît que
c'est en français que se passaient ces entretiens des grands
personnages qui balançaient alors entre eux le sort de la
Russie.

(*Note du Traducteur.*)

pouvoir reculer sans danger. D'un autre côté, la conduite de Biron devenait chaque jour plus équivoque. Il recevait souvent la princesse dans son palais avec distinction, s'entretenait des heures entières avec elle, lui faisait toutes sortes de prévenances, tandis qu'il traitait avec une sorte d'insolence les parens du jeune empereur, et les tenait pour ainsi dire emprisonnés dans leur palais. On conjecturait que d'un moment à l'autre ils allaient être relégués dans quelque endroit éloigné de la Russie, ou peut-être même entièrement bannis.

Cette oppression paraissait de plus en plus insupportable à la princesse Anne. *Je consens,* disait-elle un jour à Munnich, *je consens à quitter la Russie et à me retirer en Allemagne avec mon époux et mon fils; aussi-bien n'ai-je à attendre ici que des chagrins et des malheurs, tant que le gouvernement sera entre les mains de Biron.*

Munnich fut touché de ses plaintes. Il essaya de relever son courage, et l'engagea à mettre sa confiance en lui.

La première chose qu'il entreprit en sa faveur fut de faire des représentations au régent; on lui répondit qu'il devait s'abstenir de se mêler d'objets qui ne le regardaient pas.

Munnich fut très-sensible à cette mortification. D'ailleurs, loin de voir se réaliser cet
espoir qu'il avait conçu d'être nommé généralissime de toutes les forces de la Russie et
d'acquérir une influence décisive, il se crut
menacé de devenir le jouet des caprices d'un
homme auquel il se sentait fort supérieur à tous
égards. Souvent même il allait jusqu'à craindre
que Biron, par haine pour le duc et son épouse,
ne s'occupât de placer sur le trône, soit Elisabeth, soit son neveu le duc de Holstein, et de
se faire ainsi un mérite auprès de la nouvelle
souveraine, en effectuant lui-même ce qu'il lui
était impossible d'empêcher. Dans cette suppo-
sition, celui dont la vigilance infatigable s'était
si constamment attachée aux pas d'Elisabeth ne
pouvait manquer d'être la victime de cette révolution. Il lui parut donc d'une nécessité urgente de prévenir Biron ; et tout retard devenait
dangereux.

Biron gouvernait depuis vingt jours au milieu
des angoisses, lorsque Munnich, le $\frac{8}{19}$ novembre
au matin, se présenta dans l'appartement de la
mère de l'empereur. Il lui développa en peu de
mots toutes ses sollicitudes : il lui représenta
que son devoir de mère lui faisait une loi impérieuse de prendre elle-même les rênes du gou-

vernement. *De mon côté je m'oblige, madame, poursuivit-il, à livrer entre vos mains le régent dans la nuit suivante; mais il faut que vous y coopériez. La présence de la mère de l'empereur animera la troupe dont j'ai besoin, et en imposera aux malveillans.*

La princesse, surprise et un peu interdite, avoua qu'en effet elle ne demandait pas mieux que de se soustraire à la régence; mais elle ne pouvait se résoudre à être témoin de ce qu'on entreprendrait contre Biron. Munnich cessa dès-lors d'insister sur cette circonstance. On convint seulement que, lorsque Munnich se rendrait auprès de la princesse pendant la nuit, elle donnerait à la garde qui se trouverait au palais les ordres nécessaires; mai que jusques-là elle ne révèlerait le projet à personne, pas même au prince son époux.

Ce n'était pas une chose facile de pénétrer jusqu'à la personne du régent; car tous les officiers de la garde qui étaient de service auprès de lui avaient ordre de n'admettre qui que ce fût après qu'il était rentré dans son intérieur pour se coucher. La consigne de toutes les sentinelles placées autour de ses appartemens était d'arrêter toute personne qui voudrait s'approcher, et même de la tuer en cas de résistance.

Mais le hasard fit que, pendant la nuit en question, c'était précisément le régiment de Preobraschenski qui montait la garde, tant auprès de l'empereur qu'auprès du régent; et Munnich, qui était le commandant de ce corps, pouvait espérer de ne trouver aucun obstacle. Aussi avait-il tout exprès fait choix de cette nuit pour l'exécution de son projet. Ce fut sans doute le motif qui le détermina, et non pas, comme l'insinue Manstein, dont la prévention contre Munnich semble mettre quelquefois le jugement en défaut, la préférence que celui-ci donnait aux mesures d'éclat.

Le caractère du feld-maréchal devait lui inspirer beaucoup de répugnance pour le rôle d'hypocrite; s'il le joua dans cette circonstance, c'est que sa position le lui commandait; et sans prétendre l'en excuser, il faut convenir du moins qu'il joua ce rôle avec une grande perfection.

Pour écarter tout soupçon, il se rendit ce jour-là, comme de coutume, chez le régent, et non seulement il dîna avec lui, mais encore, sur la prière de Biron, il reparut le soir à sa table.

Dès le matin Munnich avait eu lieu de soupçonner que le régent était dans des dispositions hostiles à son égard; car s'étant rendu de bonne heure chez la princesse, il avait vu passer la voiture de Biron, qui, ayant remarqué que celle de Munnich l'avait devancé, avait été trouver son frère Gustave, aux ordres duquel se trouvait le régiment des gardes d'Ismaïlow, et avait eu avec lui un entretien de près de deux heures. Déjà ces circonstances avaient éveillé ses soupçons. Au souper il trouva le régent rêveur, agité, parlant sans suite et d'un air préoccupé. Ses inquiétudes s'en augmentèrent. Elles furent au comble lorsque tout-à-coup le régent lui adressa cette question : *Avez-vous jamais, dans vos campagnes, entrepris quelque chose d'important pendant la nuit ?*

Munnich, qui jusqu'alors avait toujours agi et parlé ouvertement et sans contrainte, ne se déconcerta pas même en cette occasion. *Je ne me souviens pas*, répondit-il, *d'avoir jamais rien entrepris d'extraordinaire pendant la nuit. Au reste, mon principe est de ne laisser échapper aucune bonne occasion.*

A onze heures du soir ils se séparèrent comme deux amis se séparent ; mais sous le masque de l'intimité se cachaient les projets les plus sinistres.

Munnich, plus déterminé que jamais à l'exécution de son dessein , fit connaître en sortant de la cour à son adjudant-général, le lieutenant-colonel Manstein , qu'il aurait besoin de lui le lendemain de très-grand matin. En effet , il le fit appeler à deux heures après minuit. Ils montèrent ensemble dans une voiture et allèrent au palais d'hiver , qu'on avait assigné pour habitation au jeune Ivan et à ses parens aussitôt après la mort de l'impératrice Anne. Sans être aperçus , à la faveur d'une porte latérale que dans cette vue on avait laissée ouverte, ils arrivèrent jusque dans la chambre de la princesse. Elle avait été se coucher auprès de son mari; mais elle avait recommandé à sa confidente intime , mademoiselle Julie de Mengden , sœur de la belle-fille de Munnich, de venir, sans que son mari pût le remarquer , l'avertir aussitôt que le feld-maréchal serait arrivé. La favorite vint en effet tout doucement éveiller sa maîtresse ; mais le duc se réveilla et lui demanda pourquoi elle se levait. On prétexta une légère indisposition ; et le duc resta au lit sans se douter que pendant qu'il dormirait on allait décider aussi de son sort.

Lorsque la princesse parut , Munnich essaya à diverses reprises de la déterminer à se mettre elle-même à la tête de la garde. Elle ne put jamais s'y résoudre. — *Mais il faut au moins, madame,* lui dit Munnich, *que vous donniez vous-même aux officiers de la garde les ordres nécessaires.* — La princesse y consentit. Les officiers furent appelés ; et la princesse leur exposa en peu de mots les humiliations que le jeune empereur et son épouse éprouvaient de la part du régent. *Il serait honteux de supporter plus long-temps ces affronts. Pour y mettre un terme il est absolument nécessaire qu'on arrête le régent. J'espère que, comme gens d'honneur, vous ne refuserez pas ce service à votre empereur. Suivez le feld-maréchal et soutenez-le dans son entreprise. Votre fidélité ne restera pas sans récompense.*

Il ne s'en trouva pas un seul qui n'exprimât la volonté de suivre le feld-maréchal. La princesse l'embrassa ; elle donna sa main à baiser aux officiers et fit des vœux pour le succès de leur entreprise. Aussitôt la garde se mit sous les armes ; et Munnich fit part aux soldats de son dessein. Ils promirent unanimement d'aller partout où il les conduirait. On leur fit charger fortement leurs armes. Un officier fut laissé avec quarante hommes au corps-de-garde auprès du drapeau ; les vingt autres suivirent le feld-maréchal au palais d'été, où le régent avait sa résidence. On fit halte environ à deux cents pas du palais. Munnich détacha Manstein pour aller informer les officiers de la garde des intentions de la princesse, et pour leur demander qu'ils restassent tranquilles pendant ce qui allait se passer. Il arriva ce à quoi Munnich s'était attendu ; la garde, loin de refuser l'entrée du palais, offrit de concourir à l'arrestation du régent.

Alors Manstein eut ordre d'aller l'arrêter, et ses instructions portaient que, dans le cas de la plus légère résistance, il devait le tuer sur la place. On lui donna pour cette opération un officier et vingt hommes. Mais Manstein laissa son escorte à quelques pas derrière lui ; car pour remplir sa mission avec succès il était essentiel qu'on arrivât jusqu'au régent sans bruit et sans être aperçu. Toutes les sentinelles le laissèrent passer ; elles le connaissaient et pouvaient présumer que c'était pour quelque affaire importante qu'il était envoyé au régent. C'est ainsi qu'il parvint sans obstacles, à travers le jardin, jusques dans les appartemens ; mais ne sachant pas où était la chambre à coucher du régent, il fut quelque temps embarrassé du chemin qu'il devait prendre. Il rencontra quelques domestiques qui veillaient dans une antichambre ; mais de crainte d'exciter l'attention et de paraître suspect, il ne se permit pas de leur faire des questions. Il traversa avec assurance la suite des appartemens, dans l'espoir de parvenir enfin à ce qu'il cherchait. En effet, après avoir encore traversé deux chambres, il se trouva devant une porte battante qui était fermée. Pour son bonheur les domestiques avaient négligé de pousser les verroux par le haut et par le bas. Il l'enfonça sans peine et surprit le régent et son épouse ensevelis dans un sommeil si profond', que le bruit qu'il avait fait en enfonçant la porte ne les avait pas éveillés.

Manstein s'avança vers le lit, tira les rideaux, et demanda à parler au régent. A sa voix les deux époux s'éveillèrent en sursaut et poussèrent un cri d'effroi. Biron se leva aussitôt. Manstein se jeta sur lui et le tint fortement serré jusqu'à ce que la garde arrivât. Elle en vint facilement à bout (1). On le couvrit d'un

---

(1) L'arrestation de Biron est racontée autrement par Rulhières dans son Histoire de Pologne, tom. 1, pag. 168, 169. Selon lui, ce fut Munnich lui-même qui le *surprit dans son lit et qui le fit enchaîner enveloppé dans une couverture. Il ajoute que son épouse, arrêtée comme lui dans son lit par des soldats, fut exposée aux plus méprisans outrages.* Nous croyons plus authentique la version rap-

manteau de soldat et on le fit monter dans une voiture qui l'attendait. Un officier s'assit à côté de lui, et on le conduisit ainsi au palais d'hiver. Son épouse, en chemise, l'avait suivi jusques dans la rue. Un soldat la prit entre ses bras et demanda à Manstein ce qu'il devait en faire. *Reportez-la dans sa chambre,* répondit Manstein. Le soldat trouvant la tâche trop pénible la laissa retomber dans la neige. Le capitaine de la garde la trouva dans cette triste situation, envoya chercher ses vêtemens, et la reconduisit à son appartement. Dès le même jour toute la famille du régent (car Gustave Biron avait aussi été arrêté pendant la nuit) fut menée à la forteresse de Schlusselbourg, d'où elle fut bientôt après transférée à Pelim, en Sibérie; tandis que la princesse Anne fut proclamée administratrice de l'empire, sous le titre de grande-duchesse de Russie (1).

---

portée par l'auteur de l'ouvrage que nous traduisons, parce qu'elle est appuyée sur le récit de Manstein, auteur immédiat de l'arrestation, et sur les deux écrits dont il est question dans la note suivante. (*Note du traducteur.*)

(1) Ces détails sont tirés de deux écrits qu'on trouve dans le *Buschings Magasin,* partie IX, p. 381 et suiv. L'un a pour titre : *Motifs de la disgrace d'Ernest Jean de Biron ;* l'autre est une réponse à cet écrit par un des plus proches parens de Munnich.

Munnich, à la seule fermeté duquel la princesse Anne devait son élévation, pouvait former de justes prétentions aux plus grandes récompenses et aux premières places de l'empire. Aussi reçut-il beaucoup de présens, soit en argent, soit en terres. Outre un service de vaisselle plate d'un grand prix, et d'une somme de cent soixante-dix mille roubles, on lui donna la seigneurie de Wartenberg, en Silésie, que Biron avait possédée; mais quant à la dignité à laquelle ses talens lui donnaient le plus de droits, celle qui semblait due au grand général, au vainqueur des Turcs, au fondateur du système militaire de la Russie, celle de généralissime des armées russes, il ne l'obtint pas. La princesse Anne la conféra à son époux. Il est vrai qu'on chercha à le consoler de cette espèce de passe-droit en insérant dans l'ukase que « Munnich, quoiqu'il « eût pu, à cause des grands services qu'il « avait rendus à l'empire, prétendre à la place « de généralissime, y avait renoncé en faveur « du père de l'empereur. »

Il reçut d'ailleurs en dédommagement la place de premier ministre en chef du conseil intime. De là un surcroît de jalousie pour Ostermann, qui, sous le règne précédent, sans avoir précisément le titre de premier ministre,

l'était par le fait, et qui, par les nouveaux arrangemens, se trouvait subordonné à Munnich. Le
duc Antoine Ulric lui-même, qui était humilié
de l'observation insérée dans la patente où il
était nommé généralissime, portait aussi un
œil d'envie sur l'homme que l'opinion générale
appelait de préférence à lui à la première dignité
militaire de l'empire.

La régente éprouva bientôt qu'elle pouvait
conférer des titres et des dignités, mais que le
talent et l'expérience conservaient leurs droits.
Vainement Antoine Ulric s'appelait généralissime, Munnich n'en demeura pas moins l'ame
du département de la guerre. De même aussi,
quoiqu'il eût le titre de premier ministre, c'était
encore Ostermann qui, comme auparavant, di-
rigeait les affaires de l'état. Il était naturel que
de cet état de choses il résultât bien des
divisions, bien des désagrémens entre les divers
dépositaires du pouvoir. La régente, qui aurait
dù maintenir l'harmonie entre eux et prendre
assez d'ascendant pour les faire concourir à un
même but, manquait absolument de volonté et
d'énergie. « Anne, d'après le portrait que Mun-
« nich en a tracé lui-même, avait une aversion
« naturelle pour le travail : jamais, dit-il, elle
« ne paraissait dans la salle du conseil; et quand

« je me rendais auprès d'elle pour l'expédition
« des affaires, ou que je voulais savoir sa dé-
« cision sur les demandes qui lui étaient adres-
« sées, elle me répondait souvent, dans le sen-
« timent de son impuissance : *Combien je*
« *voudrais que mon fils fût déjà en âge de*
« *gouverner par lui-même !* Sur quoi je lui
« répondais qu'elle devait seulement me faire
« connaître ses intentions, et que toutes les
« affaires s'expédieraient sans qu'elle se donnât
« la moindre peine. »

Il est facile de s'apercevoir, et on devait
l'attendre de son esprit entreprenant et ambitieux, que Munnich voulait être en effet ce
qu'il était par le titre, le premier ministre, ou,
ce qui selon lui était synonyme, le ministre
chargé de tout diriger. Avec un courage infatigable, et en dépit des obstacles de tou genres
que lui opposaient les petites jalousies de ses
rivaux, il continua l'exercice de ses fonctions
jusqu'à ce que, peut-être par une suite des
chagrins répétés qu'on lui faisait éprouver, il
fut interrompu dans son activité par une violente maladie, qui était la première de sa vie,
et qui le mit aux portes du tombeau. Il crut
qu'on l'avait empoisonné ; et les médecins en
jugèrent de même. On douta qu'il en pût ré-

chapper. La régente, qui allait avec son époux lui rendre fréquemment visite, s'expliqua un jour ainsi sur son compte : « Munnich serait « heureux s'il quittait la vie tandis qu'il est « dans tout l'éclat de sa gloire et qu'il se trouve « au plus haut degré qu'un particulier puisse « atteindre. » Cependant la force de son tempérament triompha de la maladie. Il guérit, et reprit le fil des affaires avec sa première activité.

Mais dans l'intervalle ses ennemis avaient essayé leurs forces et réuni leurs moyens. Il ne résista pas long-temps à leurs attaques.

Le renouvellement de l'alliance avec la Prusse fut la cause immédiate de sa disgrace. Déjà, depuis la dernière guerre contre les Turcs, l'amitié de la Russie et de l'Autriche s'était refroidie ; et même avant la mort de l'impératrice Anne, le marquis de Botta, ministre de la cour de Vienne, avait été rappelé sans qu'on lui nommât de successeur. La mort de Charles VI causa bientôt après une grande agitation en Europe. Marie-Thérèse, sa fille, se vit entourée d'ennemis menaçans qui formaient des prétentions sur son héritage, malgré la *pragmatique-sanction* qui lui en assurait la totalité. Frédéric II, roi de Prusse, venait de monter sur

le trône. Il n'annonçait pas de dispositions guer-
rières; et on était loin de soupçonner que de
tous ces ennemis il serait le plus dangereux.
Cependant, déjà profond dans ses combinaisons
politiques, aussitôt que Anne fut devenue régente
et Munnich premier ministre, il envoya un
second plénipotentiaire à Pétersbourg pour y
négocier le renouvellement et l'extension d'un
traité d'alliance défensive qui existait depuis
long-temps entre la Prusse et la Russie. Ce ne
fut probablement pas sans intention qu'il choisit
pour remplir cette mission un de ses adjudans,
le major de Winterfeld, qui se trouvait le
beau-fils de Munnich. Le roi chargea son nouveau plénipotentiaire d'assurer le feld-maréchal
de l'estime dont il faisait depuis long-temps
profession pour lui, et de lui demander son avis
sur plusieurs affaires importantes. Munnich ne
fut pas peu flatté de ce témoignage de confiance
de la part d'un roi qui avait déjà une grande
réputation; et sans doute que sa prédilection
pour ce prince et son ancienne rancune contre
l'Autriche accélérèrent beaucoup la conclusion
de la nouvelle alliance, en vertu de laquelle
(le 16 décembre 1740) les cours de Berlin et
de Pétersbourg convinrent de se donner réciproquement douze mille hommes de troupes

auxiliaires, au lieu de six mille stipulés par les traités précédens.

Tandis que le roi de Prusse concluait ce traité à Pétersbourg il entrait à main armée en Silésie. La cour de Russie, qui non-seulement avait une alliance avec la maison d'Autriche, mais qui encore avait garanti la fameuse pragmatique-sanction, se trouva par cette invasion subite dans un assez grand embarras. Comment pouvait-elle envoyer à cette princesse des secours contre un prince dont elle était elle-même l'alliée? Il n'y a que sous des souverains qui ne savent ni gouverner par eux-mêmes, ni abandonner franchement leur conduite à un seul homme, qu'un grand état peut se trouver dans une pareille contradiction d'intérêts, dans un pareil conflit d'engagemens.

Au milieu de cette crise, le marquis de Botta, ministre autrichien, se hâta de retourner à Pétersbourg. La cour de Dresde, qui hésitait encore à se déclarer pour la Prusse ou pour l'Autriche, avait aussi fait partir pour Pétersbourg le comte de Lynar, à qui l'agrément de ses formes donnait des moyens de plaire. Ces deux envoyés parvinrent à s'emparer entièrement de l'esprit de la régente. Ostermann se laissa séduire, et Marie-Thérèse obtint facilement qu'une armée de trente à quarante mille Russes serait envoyée à son secours contre le roi de Prusse. La Saxe entra aussi dans cette alliance, qui avait déjà pour objet de reconquérir la Silésie et d'anéantir le roi de Prusse.

Munnich ne fut pas peu surpris lorsque après sa guérison on lui communiqua le traité qui avait été conclu sans son concours, et qu'il fut chargé de remplir les engagemens que ce traité avait fait contracter à la Russie. Impatient et dominateur comme il était, il ne put se contenir. Il déclara sans ménagemens , « qu'il
« abhorrait un traité dont le but était d'abaisser
« une puissance qui, depuis le commencement
« du siècle, avait été la plus fidèle alliée de la
« Russie , et en particulier de Pierre-le-Grand ;
« qu'il était notoire, au contraire, que, dans la
« dernière guerre contre les Turcs, l'Autriche
« avait eu l'inexcusable procédé d'abandonner
« l'impératrice Anne , et que, violant sans né-
« cessité les traités les plus formels , elle avait
« conclu une paix séparée au préjudice des deux
« puissances ; que Marie-Thérèse pouvait très-
« bien, à présent et par des sacrifices beaucoup
« moins considérables que ceux qu'elle avait
« faits récemment en faveur des Turcs, se
« débarrasser du roi de Prusse, et même con-

« vertir son ennemi en défenseur; qu'après des
« guerres très-onéreuses qui avaient duré qua-
« rante ans, la Russie avait besoin de la paix
« pour rétablir l'ordre dans l'intérieur de la
« monarchie; que lorsque l'empereur aurait
« atteint l'âge de régner par lui-même, ni lui,
« Munnich, ni les autres membres du minis-
« tère, n'auraient pas à se disculper devant
« ce prince d'avoir commencé en Allemagne
« une guerre dont les suites étaient incalcu-
« lables, à une époque où on était à la veille
« d'une rupture avec la Suède, et où on venait
« de signer un traité d'alliance avec la Prusse. »

Mais la régente était trop prévenue en faveur
de Marie-Thérèse pour prêter l'oreille aux ar-
gumens de Munnich. *Vous êtes*, lui dit-elle
avec chaleur, *vous êtes toujours pour le roi de
Prusse ; et moi je suis convaincue que, seulement en faisant marcher nos troupes, nous
obligerons ce prince à abandonner la Silésie.*

Depuis ce jour Munnich remarqua que la
régente le voyait avec peine; et comme il ne
put empêcher que des troupes russes ne se
missent en marche du côté de Riga, il demanda
à la régente la permission de se démettre de
toutes ses places. Anne, qui ne s'y attendait pas,
fit quelques difficultés et lui exprima qu'elle

ne pouvait se passer de ses conseils. Il était naturel qu'il répondît que des conseils qu'elle ne voulait pas suivre ne lui étaient pas nécessaires: sa démission fut acceptée.

La retraite de Munnich eut pour la régente des conséquences bien importantes. Elle détermina, elle accéléra du moins le dénouement dont cette princesse fut la victime. Si le feld-maréchal fût resté à la tête des affaires, la vigilance avec laquelle il·observait toutes les démarches d'Elisabeth ne se serait pas ralentie; et c'était un couvent, au lieu d'un trône, qui attendait la fille de Pierre-le-Grand.

La régente semblait pressentir les suites qu'allait avoir pour elle et pour son fils le parti que prenait Munnich. On s'en aperçut au moment où elle signa sa démission. Elle craignit dès-lors de ne pouvoir plus compter sur son régiment des gardes. C'était sur Munnich lui-même que portaient ses alarmes ; car, dans la conférence qu'elle avait eue avec Biron, celui-ci lui avait présenté le feld-maréchal comme l'ennemi le plus dangereux qu'elle eût à redouter dans tout l'empire. Naturellement timide, elle craignait quelque explosion de son ressentiment. La faiblesse traîne toujours à sa suite la méfiance et quelquefois la dureté. Anne fut dans l'inquiétude aussi long-temps que celui qu'elle avait irrité demeura dans son voisinage ; et jusqu'à ce que Munnich eût quitté son appartement de ministre pour aller occuper son hôtel de l'autre côté de la Newa, la régente fit redoubler la garde dans son propre palais, et ne coucha pas deux jours de suite dans la même chambre. Il y a plus : pour se tranquilliser elle eût peut-être relégué Munnich en Sibérie, si sa favorite, mademoiselle de Mengden, ne l'eût détournée de cette mesure violente. C'est du moins l'opinion de Manstein ; et ceux qui connaissaient le caractère de la régente ne pouvaient que la partager. Capable cependant de cette dissimulation qui est aussi assez souvent la compagne de la faiblesse, elle conserva à l'égard de Munnich toutes les apparences de l'estime et de la considération. Elle lui accorda une gratification annuelle de quinze mille roubles et une garde d'honneur tirée du régiment des gardes Preobrasenski. Elle eut même l'attention de lui envoyer un présent pour le jour de sa naissance.

Munnich reconnut toutefois que la Russie n'était plus le pays où il avait des succès à espérer : aussi long-temps qu'il avait été en activité, il s'était prescrit l'obligation de ne jamais perdre de vue la princesse Elisabeth. Sa vigilence cessa avec ses fonctions. Dès-lors la régente, si facile à aveugler, mit en elle la plus entière confiance. On l'avertit à plusieurs reprises d'être en garde contre ses vues ambitieuses ; elle ne tint aucun compte de ces avis. Munnich, bien plus clairvoyant, prévit la catastrophe qui se préparait dans le silence, et il ne doutait pas que si Elisabeth était portée au trône de Russie, personne ne dût moins que lui compter sur la faveur de la nouvelle souveraine. Il forma donc sérieusement la résolution de quitter la Russie.

Déjà, d'après les ordres du roi de Prusse, on avait pris des mesures à Kœnigsberg pour sa réception : mais la révolution, prévue, par lui du moins, depuis si long-temps, l'atteignit encore au bord de la Newa.

Il fallait toute l'insouciance de la régente pour favoriser les desseins d'Elisabeth ; car cette princesse n'avait nullement l'art de les déguiser ; et ses incertitudes retardaient sans cesse le moment décisif. Un chirurgien français, nommé Lestocq, jouissait de son intime confiance. Un jour qu'il était chez elle, il lui fit voir une carte sur laquelle il avait tracé avec un crayon, d'un côté le portrait d'Elisabeth orné d'une couronne, de l'autre le même portrait couvert d'un voile de religieuse, et ses partisans sur l'échafaud. — *Choisissez*, lui dit-il; *le choix dépend d'un moment.* Elisabeth choisit. L'entreprise de Munnich contre Biron lui avait indiqué la route qu'elle devait suivre. Dans la nuit du 25 au 26 novembre 1741, Elisabeth se mit à la tête d'environ cent grenadiers de la garde Preobrasenski, dont le nombre s'augmenta jusqu'à trois cents pendant qu'on se rendait au palais. La régente, son époux et le jeune empereur furent arrêtés, emprisonnés, et Elisabeth fut proclamée impératrice. Pendant qu'au-dehors les airs retentissaient des acclamations de l'allégresse, et de ce mot répété de *hurra, hurra*, qui, dans le nord, est l'expression la plus familière des félicitations publiques, Elisabeth tenait le jeune Iwan entre ses bras. Cet enfant écoutait ces cris de joie, et joignait sa voix innocente au chorus universel, en répétant machinalement *hurra, hurra*. Elisabeth en fut touchée; car elle était ambitieuse, mais non pas méchante. Elle embrassa le petit prince en lui disant : *Jeune innocent ! tu ne te doutes pas que c'est contre toi-même que tu cries* (1).

____

(1) Cette version, qui doit avoir été puisée à de bonnes

Pendant que l'on menait les trois victimes en prison, le feld-maréchal Munnich et Ostermann furent enlevés de leurs lits et conduits à la citadelle. La même mesure se prit à l'égard du président de la chambre, M. de Mengden, frère de la favorite de la régente. Elisabeth avait contre lui un ressentiment particulier, parce que lui ayant en diverses occasions demandé de l'argent, dont sa prodigalité lui faisait éprouver fréquemment le besoin, elle avait essuyé des refus assez mortifians. Il fut transporté avec sa famille à Alima, au bord de la mer Glaciale, où il mourut, ainsi que sa femme et sa fille. Son fils seul survécut, et fut un de ceux auxquels Pierre III à son avènement rendit la li-

---

sources, diffère de celle que rapporte M. de Rulhières dans son *Histoire de Pologne*, tom. 1, p. 170 et 171. Selon lui, le jeune Iwan, accoutumé à se voir baiser la main, la tendit avec un sourire à la nouvelle impératrice, qui en fut attendrie, le caressa, et, le posant sur un carreau, dit à la nourrice d'en prendre soin. Nous ne déciderons pas quelle est celle de ces deux versions qui est la véritable. Il ne serait même pas impossible de les concilier. L'une et l'autre du moins prouvent également dans l'impératrice Elisabeth un fonds de bonté que l'ivresse du succès n'avait pas altéré, et un tendre intérêt pour l'innocente victime qu'elle précipitait du trône.

(*Note du traducteur.*)

berté. Un autre Mengden, beau-fils du maréchal Munnich, et qui était président du tribunal de Riga, ne participa à la disgrace de son beau-père qu'en ce qu'il perdit sa place.

Quant aux trois principaux prisonniers, Munnich, Ostermann et Mengden, leur sort était déjà décidé d'avance; et le procès qu'on leur fit subir ne fut qu'une simple formalité. Leurs accusateurs, leurs ennemis connus furent en même temps leurs juges. Il se présenta comme témoins pour déposer contre eux des hommes décriés, qui, soit par vengeance, soit par des instigations étrangères, les accablèrent avec une audace insigne des plus étranges inculpations.

Devant cet odieux tribunal le feld-maréchal eut à se justifier de toutes les punitions qu'il avait infligées pendant ses campagnes pour maintenir la discipline dans l'armée. Un de ses principaux chefs d'accusation était celui-ci : « Lors de l'arrestation de Biron, pour engager « les soldats de la garde à le seconder, il leur « avait dit qu'il avait pour objet de servir les « intérêts de la princesse Elisabeth, et qu'en- « suite ils étaient libres de choisir pour empe- « reur ou le prince Iwan ou le duc de Holstein. » L'imposture eût été facile à démontrer si on avait voulu interroger ou les officiers qui étaient alors de garde, ou Manstein lui-même; mais la perte de Munnich était jurée, et l'on voulait trouver un coupable.

On ne fit donc déposer contre lui que quelques simples soldats, vils mercenaires qui, pour la plus petite récompense, étaient disposés à dire tout ce qu'on leur prescrirait. Munnich représenta au procureur-général du tribunal l'irrégularité de la procédure; et conservant au milieu de cette redoutable séance la mâle fermeté qui fait braver le malheur : *Vous ferez mieux*, lui dit-il, *d'écrire à ma place les réponses qui vous conviendront; je les signerai sans les voir.* Le procureur-général eut l'insolence de le prendre au mot; et Munnich signa ce qu'on lui présenta.

Ce fut sur ces prétendus aveux que furent fondés en grande partie deux manifestes impériaux, publiés l'un le 28 novembre 1741, l'autre le 22 janvier 1742, et dans lesquels était énoncée une suite de crimes d'état dont Munnich et les autres prisonniers devaient s'être rendus coupables. Nous allons rapporter ici en substance le second de ces manifestes.

Les principaux délits du ci-devant feld-maréchal Munnich sont les suivans; c'est la nouvelle impératrice qui parle :

« Il n'a pas appuyé, lors des derniers événemens, ce testament de l'impératrice Catherine, notre mère, qu'il avait cependant juré et signé avec beaucoup d'autres; au contraire, à la mort de l'impératrice Anne, pour faire passer le gouvernement de la Russie à des mains étrangères, il a essentiellement contribué à porter à la régence le ci-devant duc de Courlande, Biron, et, plus que personne, il l'a pressé de l'accepter.

« Biron s'étant mis en possession de la régence par les coupables intrigues de Munnich et au préjudice de l'empire, Munnich, ne consultant que ses vues personnelles, l'a précipité lui-même.

« Et comme il connaissait très-bien l'affection que professaient pour notre personne les soldats qui composaient alors la garde, il a employé la ruse et la fourberie pour en venir à ses fins : il a prétexté que c'était pour nous soustraire à l'oppression du régent qu'ils devaient l'arrêter; qu'ensuite il leur serait libre de prendre pour maître soit le prince Iwan, soit le duc de Holstein.

« Et quoiqu'il fût bien convaincu de notre droit incontestable au trône de Russie, il n'a pas employé le pouvoir dont il était alors en possession pour nous faire rendre justice; au contraire, lors des autres changemens qui se sont opérés il a persisté dans ses coupables desseins ; il a manqué à son serment et à ses devoirs de sujet fidèle, et de plus nous a offensée de diverses manières ; car non-seulement, oubliant ce qu'il devait à la dignité de sa place, il s'est laissé employer à des espionnages secrets relativement à notre personne et à notre cour ; mais encore il a mis en permanence un bas-officier dans notre palais, sous prétexte de le faire veiller aux détails des bâtimens ; il a laissé à sa disposition des chevaux et une voiture, afin que ce surveillant subalterne pût nous suivre partout et lui rendre compte de toutes nos démarches.

« Sa conduite militaire a été répréhensible à beaucoup d'égards. On lui a reproché de n'avoir pas pris le moindre soin pour la conservation des troupes ; d'avoir, dans des opérations militaires très-importantes, suivi la seule impression de son intérêt personnel, en dédaignant de consulter les généraux, d'où il est souvent résulté que beaucoup d'hommes ont été sacrifiés sans nécessité ;

« D'avoir non-seulement sévi avec une dureté réprouvée par les lois militaires contre de simples officiers russes, mais encore d'avoir infligé à beaucoup d'officiers de l'état-major des punitions réservées pour les simples soldats ;

« D'avoir , nommément dans la première campagne de Précop, livré à la risée publique des colonels russes issus d'anciennes familles nobles , en les promenant autour de l'armée avec un mousquet sur l'épaule ; d'en avoir même mis quelques-uns dans les fers , et de les avoir fait marcher quelque temps dans cette posture humiliante (1) ;

----

(1) C'est ici le lieu de relever une atrocité que M. de Rulhières rapporte dans son *Histoire de Pologne* : « La « plupart des soldats , dit-il , tom. I , p. 162 , feignaient des « maladies pour ne pas sortir des frontières. Munnich (que « M. de Rulhières appelle toujours *Munick*) , qui vit par « cette ruse ses troupes diminuer de moitié , fit publier « dans son armée une défense d'être malade sous peine « d'être enterré vif ; et le lendemain ayant fait enterrer « trois soldats sur le front du camp , les maladies cessè- « rent et l'armée passa outre. » On ne sait où M. de Rulhières a puisé cette épouvantable anecdote : si elle était vraie , est-il possible que les ennemis du maréchal Munnich , qui avaient accumulé dans sa procédure tous les chefs d'accusation que leur ressentiment put imaginer , eussent omis un trait si propre à le vouer à l'exécration ? Ils lui reprochent , dans cette procédure , *d'avoir sévi avec une dureté réprouvée par les lois militaires*, et ils auraient manqué d'y rappeler , à l'appui de leur assertion, qu'il avait

« D'avoir élevé ses amis, ses parens, ses partisans, à des grades qu'ils n'avaient pas mérités, en les préférant à d'autres qui en eussent été plus dignes ;

« De s'être approprié de grosses sommes d'argent aux dépens des caisses de l'empire, notamment sous la régence de la princesse Anne ; qu'il s'était fait lui-même premier ministre, et de s'être en outre fait donner une pension extraordinaire.

« Lesquelles prévarications et beaucoup d'autres il a appuyées par ses propres aveux, après en avoir été convaincu, etc. »

L'exemple de Munnich et celui de ses prétendus complices est une de ces preuves, si répétées dans l'histoire de tous les temps, de la diversité des jugemens portés sur les actions des hommes, suivant les circonstances et les passions de ceux qui sont en possession du pouvoir. Nous voyons, dans le procès de Munnich, les services qu'il avait rendus à l'impératrice Anne, les exploits éclatans qui fondaient sa gloire transformés en crimes d'état dignes du

---

fait enterrer vifs trois soldats qui *feignaient d'être malades ! !*

[*Note du traducteur.*]

12 *

dernier supplice. La sentence qui résulta de l'inique procédure formée contre ces illustres proscrits portait qu'Ostermann serait *roué vif*, Munnich *écartelé*, Mengden, Golofkin, Lœwenwoïde et Temiriazeff *décapités*, et que tous leurs biens, meubles et immeubles seraient confisqués.

Le feld-maréchal Munnich, naguères revêtu des plus éminentes dignités, jouissant du plus grand crédit et de la plus haute considération, fut conduit, le 27 janvier 1742, avec les autres prisonniers, sur la place du Sénat. Six mille hommes de la garde formaient autour de l'échafaud un cercle dans l'intérieur duquel les condamnés furent introduits. Munnich était vêtu de gris et enveloppé d'un manteau rouge. La ferme contenance avec laquelle il avait si souvent affronté la mort sur le champ de bataille ne l'abandonna pas dans cette circonstance. Il salua à diverses reprises, et avec un sourire affable, les officiers et les soldats qu'il avait plus d'une fois conduits à la victoire. Il fit présent d'une bourse pleine de ducats au bas-officier qui avait été chargé de le garder.

Ostermann fut le premier qui monta sur l'échafaud. Il allait recevoir le coup fatal lorsque sa grace lui fut annoncée. On lut ensuite à

Munnich, qui était encore en bas, la sentence qui le condamnait à être écartelé. Mais en même temps on lui apprit que la peine de mort était commuée en un bannissement en Sibérie. C'était le ressentiment de ses ennemis qui avait dicté l'arrêt sanglant; et c'est sans doute à la bonté qui caractérisait Elisabeth qu'il en dut la révocation. Mais les persécuteurs des proscrits obtinrent du moins ce triomphe, que le manifeste qui proclama leur grace les accabla d'invectives et apprit à toute la Russie qu'il avait fallu un grand effort de clémence pour les sauver du supplice capital qu'ils avaient si bien mérité. —

« Et quoique, disait l'impératrice dans ce ma-
« nifeste, les malfaiteurs dont il s'agit, d'après
« les règles de la justice et les lois de l'empire,
« aient été légitimement condamnés à mort, à
« raison de leurs crimes impies et de la plus
« haute importance, à raison des très-graves
« délits dont ils se sont rendus coupables aux
« dépens de la tranquillité publique, au détri-
« ment de l'état, en manquant à leur devoir,
« en violant leurs sermens, etc., cependant,
« par une suite de notre clémence et de cette
« grandeur d'ame dont le Très-Haut nous a
« douée, nous avons ordonné que la peine de
« mort leur serait remise; mais qu'en revanche

« ils seraient relégués dans des lieux éloignés ;
« savoir : Ostermann, à Beresowa; Munnich,
« à Pelim, etc.; que leurs femmes pourraient
« les accompagner si elles le désiraient, et que
« tous leurs biens deviendraient la propriété
« du fisc. Nous avons également ordonné que
« le présent manifeste serait imprimé et publié
« dans tout notre empire, afin que tous nos
« sujets puissent apprendre par cet exemple
« que le Dieu juste sait, quand il lui plaît,
« trouver et anéantir les traîtres et les parjures ;
« que la sage Providence découvre en tous les
« temps au fond de leurs cœurs les pensées
« coupables et les intentions perverses, pour
« leur faire subir, en ce monde-ci comme dans
« l'autre, les peines qu'elles ont encourues, et
« aussi afin que chacun d'eux, à l'aspect de ce
« grand exemple, se tienne en garde contre de
« pareils attentats, et se conduise ainsi qu'il
« convient à des sujets fidèles, etc. etc. (1) »

La nouvelle impératrice laissa aux femmes
des bannis le choix de rester dans les terres

____

(1) Nous ne donnons que la substance de cet étrange et
long manifeste ; mais nous croyons n'en avoir pas altéré
les expressions.

[*Note du traducteur.*]

qu'elles avaient apportées en mariage et qui
n'étaient pas confisquées, ou d'accompagner
leur époux dans le lieu de leur exil. Toutes se
décidèrent pour le dernier parti. Celle de
Munnich, née de Malsahn, et veuve d'un
Soltikow, femme très-recommandable par la
noblesse de son ame, resta constamment auprès
de lui tant que dura son bannissement. Le
ministre protestant, Martens, qui était attaché
à sa maison comme chapelain, le suivit aussi
dans son exil. L'impératrice avait laissé à chacun
des condamnés la faculté de lui demander une
grace; Munnich se borna à solliciter la permission d'emmener son chapelain; et cette demande
modeste n'honore assurément pas moins celui
qui la fit que celui qui en était l'objet. Munnich
avait un seul fils, qui fut aussi impliqué dans
l'accusation. Il subit la procédure et fut acquitté,
mais éloigné de la cour (1).

---

(1) Voici comme Manstein s'exprime sur son compte :
« Son fils unique fut enveloppé dans sa disgrace. On fit
« tout ce qu'on put pour découvrir en lui quelque faute
« digne d'être punie ; mais on n'eut pas la satisfaction d'y
« réussir. Il fut donc absous par ses juges. Comme on ne
« voulait cependant pas lui laisser entièrement sa liberté,
« il fut dit dans le jugement, que parce qu'il avait su
« que la princesse Anne avait eu l'intention de se déclarer

Le lieu où le feld-maréchal devait se rendre
était ce même Pelim où l'année précédente il
avait fait exiler Biron, et où, d'après ses plans,
on avait fait construire une habitation au régent
disgracié. C'est là que par une singulière fata-
lité, ou plutôt par une recherche de malice,
Munnich fut conduit pour y remplacer son en-

« impératrice, il devait déposer l'ordre de St.-Alexandre
« dont il était décoré, et que les biens qu'il possédait en
« Livonie seraient échangés contre d'autres qu'on lui assi-
« gnerait en Russie. Mais cette mesure fut changée. La cour
« lui accorda un traitement annuel de douze cents roubles;
« et il reçut l'ordre de transférer sa résidence à Wologda,
« ville située environ à quatre-vingts lieues de Moscow, où
« un grand nombre de commerçans hollandais s'était établi.
« Il n'a rien du caractère brillant de son père ; mais il
« a beaucoup de ses bonnes qualités, sans aucun de ses
« défauts. Son naturel est modéré et son jugement solide.
« C'est un homme parfaitement moral qui a toute l'ha-
« bileté nécessaire pour remplir avec distinction une place
« de ministre. Aussi en aurait-il obtenu une si la prin-
« cesse Anne eût continué de gouverner. Il avait déjà
« débuté dans la carrière du ministère en remplissant les
« fonctions de secrétaire de l'ambassade russe au congrès
« de Soissons. A son retour il fut placé à la cour de l'im-
« pératrice en qualité de gentilhomme de la chambre.
« Quelques années après il fut fait chambellan, et lorsque
« la grande duchesse se déclara régente, elle le nomma
« grand-maitre de sa maison. Dans la suite il est devenu
« conseiller intime. »

nemi, dont le sort s'améliorait, en ce qu'il obtint
la permission d'aller s'établir à Jaroslaw. Les
traîneaux des deux disgraciés se rencontrèrent
dans un des faubourgs de Casan. Ils furent
obligés de rester quelque temps en présence
au passage d'un pont. Biron et Munnich se
reconnurent et se saluèrent ; ils se séparèrent
sans s'être dit un mot. Mais que de réflexions
dut faire naître chez l'un et chez l'autre cette
courte entrevue !

CHAPITRE VIII.

Munnich dans son exil.

Pelim, bourgade située assez près du confluent de la petite rivière du même nom et de celle de Tawda vers le soixantième degré de latitude, est, à la vérité, le siège d'un vaivode et de sa chancellerie ; elle est entourée de palissades et protégée par une petite forteresse ; mais Pelim n'en est pas moins un endroit de très-peu d'importance. Quelques pauvres habitans y occupent environ soixante misérables maisons. Aucun marchand n'y peut subsister. On est obligé d'y faire venir à grands frais de Jaroslaw, de Tobolsk, et d'autres villes éloignées, presque toutes les marchandises et presque toutes les subsistances. Autour du lieu sont quelques champs ; mais il est surtout environné d'une épaisse forêt qu'aucune voiture ne peut traverser. Pendant l'été, le cours de la petite rivière de Tawda entretient quelques relations avec d'autres bourgades ; et durant les longs hivers, tandis que les rivières sont prises de glace, depuis le mois d'octobre jusqu'au mois de mai, on parcourt, à l'aide des patins, la forêt environnante.

C'est dans ce triste séjour que Munnich n'eut que trop de loisir pour méditer sur le changement de sa destinée. Il habitait une petite maison attenante à un morceau de terre qui lui servait de jardin (1). L'impératrice lui avait assigné une gratification annuelle de six mille roubles ; mais il ne lui en fut jamais payé que trois mille au plus. L'officier à la garde duquel il avait été remis recevait chaque jour un rouble pour son entretien, un second pour son épouse, et un autre pour leurs domestiques. Cet officier avait l'administration de sa caisse et pourvoyait aux dépenses de la maison sur les demandes de son prisonnier. Munnich cultivait lui-même son jardin et recevait de Pétersbourg les graines qu'il y semait. Un jardinier avec lequel il était

---

(1) L'auteur, d'ailleurs très-bien instruit, de la *Vie de Catherine II*, paraît avoir été induit en erreur lorsqu'il a écrit que Munnich, entre autres moyens de gagner sa vie dans son exil à Pelim, *vendait le lait de quelques vaches qu'il s'était procurées*. Car on ne conçoit guères comment le petit coin de terre dont il disposait eût pu lui fournir le moyen de les nourrir.

[*Note de l'auteur.*]

en relation dans cette capitale les envoyait à Jaroslaw, et ses gens allaient les prendre au marché de cette ville. L'arrivée de ces graines était d'autant plus agréable à Munnich, que l'obligeant jardinier les empaquetait ordinairement dans des gazettes, dont la lecture était le seul moyen qu'il eût d'apprendre ce qui se passait sur le reste du globe.

C'est ainsi que l'illustre banni laissait couler les jours de son exil dans une contenance philosophique qui sied si bien à un grand homme (1). Les pratiques de religion auxquelles il se livrait avec assiduité servaient à consoler les siens et lui-même dans leur disgrace, à les fortifier dans leur résignation, et à les pénétrer de confiance en Dieu. Chaque jour il se réunissait deux fois à ses domestiques allemands pour faire des prières en commun sous la direction de son chapelain Martens. Le plus grand malheur qu'il éprouva pendant son séjour de

______

(1) Sa situation rappelle celle du sage Romain Marcellus, qui, dans son exil à Mitylène, cultivait paisiblement tous les genres de sciences utiles. *Son aspect*, dit Brutus qui avait été le voir, *son aspect m'émut à tel point, que, lorsque je me séparai de lui, je ne savais lequel de lui ou de moi je devais regarder comme exilé.*

vingt ans à Pelim fut la mort de ce digne ami,
qui, sans être banni lui-même, était venu volon-
tairement terminer sa vie dans ce coin de terre
ignoré. Martens mourut après avoir pendant
sept ans partagé son sort. Munnich pleura long-
temps cet homme honnête qui lui avait donné
une si grande preuve de dévouement. Il pleurait
une perte irréparable. Cependant les prières en
commun furent continuées. Munnich y rem-
plaça son chapelain. Il composa même des discours religieux; et en les débitant il édifiait son
petit troupeau et s'affermissait lui-même dans
sa croyance. Il composa aussi des cantiques spi-
rituels et coucha par écrit ses pensées sur les
plus importans dogmes de la religion chrétienne.
Les uns et les autres ont été imprimés depuis.
La philosophie peut s'égayer aux dépens du
guerrier, du ministre, du courtisan qui se
dédommage de sa nullité par de pareils passe-
temps; mais elle ne nous empêchera pas de
féliciter ceux qui trouvent ces ressources dans
la disgrace, et de plaindre ceux qui en sont privés.
Au reste, ce ne furent pas les seules occupations auxquelles Munnich se livra pendant son
exil.

Martens, en mourant, avait laissé une petite
provision de papier blanc. Munnich en hérita;

ce qui lui devenait d'autant plus important, que les prisonniers n'osaient avoir rien de ce qu'il faut pour écrire. Il en profita pour occuper utilement ses loisirs. Il composa divers ouvrages pour le complètement de l'art de l'ingénieur, et fit plusieurs dessins militaires qu'il se proposait d'envoyer en présent au roi de Prusse. Il employa aussi une partie de son temps à instruire des jeunes gens dans la géométrie et dans la science du génie. Il conçut des projets pour l'amélioration des provinces de Russie, et les fit passer au sénat. Les vaivodes des provinces voisines, qui en furent informés, commencèrent à redouter l'illustre exilé, comme s'il eût été gouverneur général de Sibérie. Munnich mit à profit cette terreur salutaire, et en menaçant ces employés de les dénoncer à la cour, il parvint à détruire ou à prévenir plus d'un abus. Il avait aussi composé des mémoires relatifs à l'histoire de Russie et à l'expulsion des Turcs hors d'Europe ; mais un fâcheux incident l'obligea de les anéantir.

L'officier qui tenait sa caisse le traitait avec une sévère parcimonie. Un jour que Munnich lui demanda de l'argent pour une dépense qu'il croyait nécessaire, l'officier le lui refusa, sous prétexte qu'il n'y en avait plus en réserve.

Munnich, qui avait porté dans son exil l'irritabilité de son caractère, ne put se contenir et lui reprocha durement ses déprédations manifestes. L'officier exaspéré lui répliqua que c'était lui qui était un *prévaricateur;* que ce qu'il écrivait sans cesse était certainement offensant pour l'état et pour l'impératrice; qu'il voulait prononcer contre lui le redoutable *Slowo Dielo* (1), et le rendre malheureux pour le reste de ses jours. — Munnich fut frappé de la menace et se tut; mais il ne perdit pas un moment à jeter ses

---

(1) Ce sont deux mots russes qui, en peu de lettres, renferment beaucoup de choses et une menace très-effrayante. Ils signifient cette phrase: *Je te dénonce comme un criminel de lèse-majesté, d'après les paroles et les faits.* Dès qu'ils sont prononcés par quelqu'un, tous les assistans sont obligés d'arrêter le dénoncé, quels que soient leurs rapports avec lui, fût-ce même leur propre père. Ces terribles mots produisaient encore un grand effet au temps du maréchal Munnich, surtout dans les provinces éloignées de la Russie. L'abbé Chappe (Voyage en Sibérie) paraît en avoir été très-frappé. C'est, selon lui, à l'influence de ces mots qu'il faut principalement attribuer la méfiance dans laquelle on vit en Russie, et le silence absolu de tout le monde sur ce qui a le moindre rapport au gouvernement ou au souverain. Mais Catherine II a enlevé à ces paroles, pour ainsi dire magiques, presque toute leur force, et il en reste à peine des traces.

papiers au feu. Heureusement que cet événement, qui enchaîna pour l'avenir son activité,
n'arriva que dans une des dernières années de
son exil.

Vers la fin de 1762, la nouvelle de la mort
de l'impératrice Elisabeth retentit tout à coup
dans la petite ville de Pelim. Munnich était délivré d'une ennemie irréconciliable. On pense
bien qu'il applaudit à l'élévation de Pierre III
sur le trône de Russie, et forma des vœux sincères pour la prospérité de son règne. Jusqu'alors il s'était franchement résigné à son sort.
Mais dès qu'il aperçut la possibilité d'être enfin
rendu au monde, dont il était séparé depuis
vingt ans, une vive impatience s'empara de son
ame; et le peu de semaines qu'il passa entre la
crainte et l'espérance coulèrent bien plus lentement pour lui que les années de sa captivité.

Enfin, le 10 février 1763 vint mettre un terme
à ses anxiétés. Munnich était occupé de ses
prières du matin, et n'avait pas remarqué l'arrivée du courrier du sénat qui apportait la nouvelle tant attendue. Son épouse s'en était aper-
çue; mais elle eut assez de force d'ame pour ne
pas le distraire de ses pieuses occupations. Elle
fit signe au porteur de l'heureux message, qui
se glissa aussitôt dans l'appartement. Lorsque

les prières furent finies, Munnich fut informé de son arrivée; et au même instant le lieutenant à la garde duquel il était confié, et qui n'avait pas attendu qu'on l'appelât pour s'approcher, fit demander s'il pouvait entrer. Il remit l'ukase de l'empereur qui rendait la liberté au prisonnier, et le rappelait dans sa capitale. Munnich, vivement ému, se jeta à genoux, ainsi que son épouse, et ils rendirent grace à Dieu pour sa délivrance.

Dès ce moment, la prolongation de son séjour à Pelim lui devint insupportable. Il aurait bien voulu partir sur-le-champ; mais il fut obligé d'attendre le retour de ses domestiques qui se trouvaient au marché d'Irbitsch, à quelques centaines de werstes de Pelim, où ils avaient été acheter, comme de coutume, des vivres pour une année entière. Ils reçurent des exprès qui hâtèrent leur départ. Ils revinrent avec la plus grande rapidité; et le huitième jour après l'arrivée du messager d'état, Munnich, ivre de joie et plein de courage, eut la faculté de se mettre en route.

Les chemins avaient été gâtés par les pluies très-abondantes; les traîneaux qui devaient transporter les voyageurs étaient mauvais, et cependant, malgré le poids de ses soixante

et dix-neuf ans, Munnich voyagea vingt-cinq
jours et vingt-cinq nuits de suite sans prendre
de repos. Il ne s'arrêta pas même à Catharinen-
bourg, ni à Casan, ni à Nisney-Novogrod, villes
assez importantes, où l'empressement de ceux
qui voulaient le voir aurait pu apporter quel-
-ques obstacles à la rapidité de sa marche. Dans
la nuit du 16 mars il atteignit enfin la ville de
Moscow, où la veuve du feld-maréchal Apra-
xin, instruite de son arrivée, le reçut dans son
palais qu'elle avait fait magnifiquement illumi-
ner en son honneur. Munnich fut très-sensible
à ce touchant accueil; mais le séjour qu'il fit à
Moscow n'en fut pas moins très-court. Le reste
de son voyage jusqu'à Pétersbourg fut pour lui
une espèce de marche triomphale. De tous
côtés, les généraux, les officiers de l'état-major,
les employés civils qui avaient servi sous ses
ordres accouraient sur son passage, se pres-
saient autour de ses traîneaux, et bénissaient
son retour en versant des larmes de joie.

Un plaisir plus vif encore l'attendait sur sa
route. A six lieues environ de Pétersbourg il
rencontra son fils unique, et sa petite fille
Anne avec son époux, M. de Vitinghof. Anne
unissait aux formes aimables et à l'esprit de son
grand-père la plus belle figure et tous les agré-

mens de la jeunesse dans toute sa fleur ; elle avait à peine vingt ans ; son aïeul ne l'avait jamais vue ; et elle ne le connaissait que par la réputation de ses vertus, de ses exploits et de ses malheurs. Le vieillard de Pelim avait été l'objet constant de ses entretiens avec son père et avec un époux qu'elle adorait. Aussitôt que cette nouvelle, *il a sa liberté*, parvint à Riga, où elle faisait sa résidence, Anne et son mari partirent pour Pétersbourg, d'où elle vola avec son père à la rencontre du vénérable voyageur. Qui pourrait peindre tout ce que cette entrevue eut de touchant ! Munnich, encore couvert de ces vêtemens modestes qui rappelaient sa longue captivité, accompagné de celle qui avait si noblement partagé ses infortunes, se retrouve dans les bras de son fils chéri : à la tendre émotion de la jeune Anne il reconnaît sans hésiter la fille de son fils ; et les plus douces larmes inondent les joues de l'illustre vieillard rendu à sa famille après une si longue séparation.

CHAPITRE IX.

*Munnich , à son retour , retrouve toute son
activité.*

Munnich, quoique presque octogénaire (1),
quoiqu'affaibli par le malheur encore plus que
par l'âge , avait conservé un extérieur agréable.
L'aménité de son caractère, l'affabilité de ses
formes lui gagnèrent tous les cœurs. On le comparait avec une autre victime de la révolution
qui avait porté l'impératrice Elisabeth sur le
trône, avec le comte Lestocq , qui avait été
rappelé comme lui, et qui exhalait son dépit
en plaintes amères. Munnich, bien plus maître
de lui-même, et qui connaissait bien mieux les

------

(1) Il était né en mai 1683. Il reparut à Pétersbourg
vers la fin de mars 1763. Il avait donc alors près de quatre-
vingts ans et non pas quatre-vingt-deux comme le dit Rulhières dans ses *Anecdotes sur la Russie*, pag. 306 du
IVe. volume de *son Histoire de Pologne.*

[*Note du traducteur.*]

hommes, ne s'en permit aucune; il s'applaudissait franchement du bonheur inespéré dont il jouissait, sans porter des regards chagrins sur le passé; et cette noble impassibilité ne contribua pas peu à lui mériter, à son retour, la vénération des Russes aussi-bien que celle des étrangers. C'était encore ce même Munnich qui avait brillé sous le règne de l'impératrice Anne; mais les rayons de cet astre qui approchait de son déclin n'avaient plus rien d'éblouissant; et leur éclat n'importunait plus comme autrefois les yeux de l'envie.

On ne devait cependant pas s'attendre à le voir se contenter du bonheur paisible qu'il eût pu goûter au sein de sa famille. Les vingt ans qu'il avait passés loin des affaires n'avaient pas suffi pour éteindre la chaleur de son ame. Il avait encore toute la force qu'un homme bien constitué conserve à soixante ans, et il regardait, ainsi que Caton l'Ancien, les travaux politiques comme le plus bel ornement de la vieillesse. Au premier signal de son souverain il sentit revivre son inclination dominante. Il redevint actif et laborieux.

A peine fut-il arrivé à Pétersbourg que l'empereur le fit complimenter par son général-adjudant. Peu de jours après il lui envoya une

épée, et le nomma son général feld-maréchal
avec le rang qu'il avait autrefois.

Dès qu'il fut rétabli dans son ancienne dignité, Munnich, d'un air profondément touché,
se présenta devant son bienfaiteur : et l'empereur lui ayant demandé si son âge et ses forces
lui permettaient encore de lui consacrer ses services, l'illustre vieillard, pénétré de l'importance
de sa position et ému d'une vive reconnaissance, retrouva son éloquence pour lui répondre :

« Dieu a confié à V. M. la souveraineté d'un
« empire dont les limites n'ont pas encore été
« fixées, dont la population n'est pas encore
« déterminée, d'un peuple dont la force pour
« soutenir les fatigues n'est égalée par aucune
« autre en Europe. Mais, en même temps,
« Dieu a imposé à V. M. un grand fardeau,
« car il s'agit de consommer ce que Pierre-le-
« Grand a laissé imparfait. Les travaux de ce
« monarque furent prodigieux. Il a posé les
« fondemens de tout ce que nous voyons de
« grand en Russie ; mais combien de choses sa
« mort précoce a laissées sans être achevées !
« C'est à V. M. à y mettre la dernière main ; et
« pour cela elle a besoin du secours d'hommes
« habiles et fidèles. J'abandonnai mon pays

« pour servir votre auguste aïeul : et je pus
« me flatter d'avoir obtenu sa confiance. Il a
« été enlevé trop tôt au monde, et je suis des-
« cendu dans l'obscurité. V. M. m'a rappelé à
« la lumière ; et c'est avec joie que je consacre
« les derniers jours de ma vie au service glo-
« rieux du monarque de la Russie. Car ni mon
« long éloignement du trône qu'occupe V. M.,
« ni les glaces de la Sibérie n'ont amorti l'ar-
« deur qui a toujours brûlé au-dedans de moi
« pour la gloire de la Russie et de ses souve-
« rains. »

Ce noble langage plut au jeune monarque,
et lui obtint sa confiance.

Le soir du même jour, Munnich parut à la
cour, ainsi que Biron. Car celui-ci avait aussi
été rappelé de son exil en même temps que le
feld-maréchal. Ces deux rivaux reparurent à la
fois sur un théâtre qui s'était bien changé pendant leur absence ; mais un intervalle de vingt
ans n'avait pas suffi pour affaiblir une inimitié
qu'ils avaient emportée dans leur retraite. En
se retrouvant ensemble pour la première fois,
ils se virent entourés de jeunes courtisans qui
leur étaient étrangers et dont l'humeur folâtre
contrastait avec leur grave contenance. On les
eût pris pour des ombres qui revenaient à la

lumière au milieu d'un monde inconnu. Pierre III semblait s'être fait une fête de réunir ces deux vieillards à sa cour, et de les réconcilier. Il les jugeait peut-être d'après lui-même, en croyant que la rancune *se noyait dans les pots,* aussi-bien que le chagrin. Il fit apporter trois verres pleins (1), et présenta l'un à Munnich et l'autre à Biron. Mais pendant qu'il prenait le sien on vint lui parler bas. Il but en écoutant, et courut à ce qu'on lui disait. Les deux anciens ennemis restaient vis-à-vis l'un de l'autre, chacun le verre en main sans dire un mot, les yeux fixés sur l'endroit d'où l'empereur avait disparu; et se flattant bientôt qu'il les avait oubliés, tous deux se fixèrent, se mesurèrent des yeux, et rendant leurs verres pleins, se tournèrent le dos.

En effet, ces deux hommes se trouvaient encore en opposition; mais ce n'était plus l'ambi-

----

(1) Les détails de cette scène sont tirés des *Anecdotes sur la Russie* par Rulhières, ouvrage que l'auteur contredit à certains égards, mais qu'il cite souvent et copie quelquefois. Dans la traduction de ce passage allemand, nous avons cru devoir conserver les propres expressions de l'auteur français; c'est ce que nous avions de mieux à faire.

[*Note du traducteur.*]

tion qui les divisait, c'était un intérêt pécuniaire. La seigneurie libre de Wartenberg en Silésie, que Biron avait achetée en 1734 pour la somme de trois cent soixante-dix mille écus, avait été confisquée après sa disgrâce, et donnée à Munnich. Celui-ci ayant été, un an plus tard, relégué en Sibérie, le roi de Prusse avait séquestré cette seigneurie, et l'avait fait administrer au profit de Munnich. Lorsque tous deux revinrent de leur exil, chacun réclama ce qu'il regardait comme sa propriété. On en vint à un accommodement, en 1763, par la médiation du roi de Prusse, qui, à cette occasion, donna au vieux feld-maréchal des assurances répétées de son estime. Biron fit reconnaître la priorité de sa possession, mais paya à Munnich une somme de vingt-cinq mille écus. Munnich en obtint aussi une de cinquante mille écus, qui devait l'aider à l'acquisition de quelques nouvelles terres, et une de douze mille, à raison des revenus échus de celle dont il avait été dépossédé.

La manière dont Pierre III prétendait réconcilier deux hommes comme Munnich et Biron donne la mesure de la légèreté du nouveau monarque auquel Munnich consacrait ses services. Il en a tracé un portrait qui ne sera pas déplacé ici.

« Pierre III , dit-il , était naturellement vif,
« remarquable par son activité et sa précipita-
« tion, incapable de rancune, mais s'emportant
« facilement, et violent à tel point qu'il frap-
« pait même ses favoris. Sa vénération fana-
« tique pour le roi de Prusse était portée à tel
« point qu'il cherchait à l'imiter en tout. C'était
« aussi une sorte de fanatisme qui lui fit entre-
« prendre une guerre contre le Danemarck. Il
« prétendait, disait-il, forcer le roi Frédéric (V,
« le père du roi actuel) à se retirer sur la côte
« de Malabar. En vain lui représentait-on
« que c'était une entreprise très-hasardeuse ;
« qu'il serait obligé de faire la guerre avec une
« armée nombreuse dans un pays où on man-
« quait de vivres, de fourrages et de magasins ;
« que le roi de Danemarck dévasterait le pays
« de Mecklenbourg, que l'empereur aurait à tra-
« verser ; qu'il prendrait une position qui serait
« funeste à l'attaquant; que l'armée danoise
« ayant ses derrières libres, ne manquerait de
« rien, tandis que l'armée russe manquerait de
« tout, et qu'ainsi l'empereur s'exposerait au
« danger d'échouer dans son entreprise, et de
« ruiner son armée dès le début de son règne. »
La réponse de Pierre fut : *Je ne veux entendre
là-dessus aucune représentation.*

Munnich le trouva aussi peu accessible à la raison, lorsqu'il lui déconseilla de chercher à tout former en Russie sur le modèle des Prussiens, tout jusqu'à l'habillement des soldats russes, sans égard au genre de la nature et au climat. Pierre marqua même de la froideur au vieux général qui regardait comme un devoir de lui dire son avis sans ménagement.

Il le nomma cependant membre d'une commission qui, suivant les expressions de son ukase, « devait perfectionner et accélérer l'exé- « cution de mesures qui avaient pour objet « l'avantage et la gloire de l'empire, ainsi que la « prospérité des sujets. » Elle fut chargée de ce qui était auparavant de la compétence du cabinet, et c'était l'empereur lui-même qui la présidait. Elle ne s'occupa d'abord que d'affaires militaires ; bientôt après elle étendit ses attributions aux affaires de l'état ; et on prévoyait qu'avec le temps elle surpasserait le sénat en influence.

Pierre n'avait pas encore songé à fixer un traitement pour le maréchal Munnich ; mais il lui fit présent d'une maison toute meublée, et un jour il envoya à son épouse, qui était incommodée, des médicamens pour la valeur de deux mille roubles. Cette femme excellente savourait le bonheur qu'elle trouvait dans le sein de sa famille; et la considération que l'empereur et toute la nation marquaient à son mari semblait devoir lui garantir la durée de sa félicité. Mais, revenue sur le grand théâtre du monde, elle ne pouvait détacher sa pensée de la situation dans laquelle elle s'était vue pendant vingt ans. Toutes les fois qu'on ouvrait sa porte, elle tressaillait, et son regard trahissait l'inquiétude qu'elle éprouvait intérieurement.

Et ce n'était pas sans motifs que l'infortunée tremblait encore; car elle rentrait dans la capitale à une époque où on pouvait apercevoir les symptômes précurseurs d'une nouvelle révolution semblable à celles dont elle avait déjà été témoin : et qui pouvait lui garantir que son mari ne serait pas encore victime de celle qui se préparait ?

Personne mieux que le feld-maréchal Munnich ne reconnaissait que l'empereur s'égarait dans une route qui devait rapidement le conduire dans l'abîme. Mais Pierre était le monarque qui l'avait rendu à la liberté; il avait acquis des droits sacrés à sa reconnaissance; et il devait compter sur sa fidélité et sur son dévouement. Munnich prouva bien qu'il était pénétré de ces sentimens lors de la grande révolution qui décida du sort de Pierre III ; et il n'épargna rien pour sauver son bienfaiteur. La manière noble dont il se conduisit en cette circonstance ajouta encore à la gloire qui depuis long-temps rayonnait sur son front.

Il se trouvait à la suite de l'empereur, au château d'Oranienbaum, lorsque, six mois après son avènement, il éclata contre lui une conspiration qui lui coûta la couronne et la vie. Pierre s'était conduit très-imprudemment à beaucoup d'égards ; mais sa grande faute fut de n'avoir eu aucun ménagement pour son épouse, et d'avoir méconnu l'esprit supérieur d'une princesse par laquelle seule il eût pu se maintenir sur le trône. Il l'obligea par ses inconséquences à se soulever elle-même contre lui.

Le château d'Oranienbaum est situé à six milles d'Allemagne de Pétersbourg, à l'endroit où la Newa se jette dans la Baltique, en face de l'importante forteresse de Cronstadt, qui s'élève de l'autre côté de cette rivière, et dont le port contient la plus grande partie de la flotte russe. Pierre III avait perdu à Oranienbaum le temps de sa jeunesse en récréations militaires; un petit fort qu'on y avait bâti pour son instruction

servait plutôt à décorer qu'à protéger le château
de Cronstadt; et un corps de trois mille hommes
de troupes du Holstein qu'il y avait rassem-
blés, et qui jouissaient de prérogatives très-ap-
parentes, était aussi insuffisant pour sa défense.
Cependant l'infortuné Pierre, aveuglé par l'idée
qu'il était chéri de toutes ses troupes et de toute
la nation, et se refusant à croire aux avis qui lui
parvenaient, repoussait tout soupçon d'émeute
et de trahison. Le 9 juillet 1762, il partit avec
une parfaite sécurité pour le château de Péterhof, situé entre Oranienbaum et Pétersbourg,
où se trouvait alors l'impératrice. La fête de St.-
Pierre devait y être célébrée solennellement le
lendemain; et la maîtresse de l'empereur, mademoiselle de Woronzow, et toutes les dames
qui formaient sa suite, étaient déjà livrées aux
préparatifs des plaisirs que leur promettait
cette fête.

Ils n'avaient pas encore atteint Péterhof, que
la renommée, allant à leur rencontre, leur apprit que dans la nuit l'impératrice avait quitté
secrètement cette résidence. On hâte sa marche; on arrive à Péterhof. On y disait tout haut
que l'impératrice était à Pétersbourg, et que
toutes les troupes avaient pris les armes pour
elle. Le bruit s'accrédita de plus en plus. On ac-

quit la certitude que l'impératrice était à la tête
des régimens des gardes; qu'elle s'était rendue
dans l'église de Casan pour se faire prêter serment de fidélité; que tout le peuple paraissait
lui être dévoué; que personne ne se déclarait en
faveur de l'empereur. Pierre perdit dans ce
moment toute sa présence d'esprit. Il fit diverses questions qui annonçaient son trouble,
et prit plusieurs mesures contradictoires. En
même temps qu'il envoyait le grand-chancelier
Woronzow avec des paroles de paix à l'impératrice, il écrivait de violens manifestes contre elle,
et ordonnait qu'on la mît à mort. Il fut aussi ex-
pédié un ordre aux troupes du Holstein de se
porter rapidement avec leur artillerie auprès de
lui à Péterhof. Quelques pelotons de ce corps
furent détachés à cheval vers les villages circon-
voisins pour rassembler les paysans, et les faire
concourir à sa défense. Les courtisans, aussi
troublés que leur malheureux souverain, er-
raient en désordre dans les jardins de Péterhof,
sans qu'aucun fût capable d'ouvrir un avis cou-
rageux, sans qu'aucun même osât éclairer l'empereur sur le danger imminent auquel il se trouvait exposé.

Munnich seul conserva son sang-froid dans
des circonstances aussi critiques et eut assez de

force pour révéler à Pierre toute la profondeur de l'abîme, pour lui indiquer le seul moyen de salut qui lui restait (1).

« Les paroles de paix ont été sans effet, dit-
« il à l'empereur; puisque Woronzow ne revient
« point, nous devons nous attendre à voir à
« chaque instant l'impératrice marcher à main
« armée contre nous. Elle a à ses ordres vingt
« mille hommes et une artillerie formidable;
« qu'avons-nous à lui opposer ? trois mille
« Holsteinois et peut-être une troupe de paysans
« non disciplinés ! A Péterhof nous ne pouvons
« pas autant nous défendre. Nous ne le pouvons
« que très-imparfaitement à Oraniembaum. Je
« connais les soldats russes. La faible résistance
« que nous voudrions leur opposer ne servirait
« qu'à exposer la vie de Votre Majesté et celle

––––––––––

(1) Ce que notre auteur rapporte ici du rôle que Munnich joua dans cette circonstance n'est pas tout-à-fait conforme au récit de M. de Rulhières dans ses *Anecdotes sur la Russie*; mais, au fond, les deux narrations se ressemblent beaucoup. Dans les endroits où elles diffèrent il semble qu'on doit s'en rapporter plutôt à l'auteur allemand qu'à l'auteur français; le premier, par ses relations avec les parens et les amis du maréchal Munnich ayant eu plus que le second des moyens d'être bien informé.

[*Note du traducteur.*]

« des siens. C'est à Cronstadt, ce n'est qu'à
« Cronstadt que nous pouvons trouver le salut
« et la victoire. Là nous aurons une garnison
« nombreuse et une flotte. Toutes ces femmes
« que nous avons auprès de nous seront autant
« d'otages entre nos mains. Tout dépend de sa-
« voir gagner un seul jour : ou ce jour apaisera
« ce soulèvement populaire, cette insurrection
« d'une nuit ; ou si elle dure, alors Cronstadt nous
« offre le moyen de faire trembler Pétersbourg.

Le conseil de Munnich ranima le courage de
ceux qui hésitaient. On équipa aussitôt deux
yachts pour transporter Pierre III à Cronstadt ;
et le général Liewers, qui était affectionné à l'empereur, y fut envoyé d'avance pour prendre le
commandement de la forteresse. Bientôt après
un adjudant de ce général apporta la nouvelle
que Cronstadt était fidèle à l'empereur, qu'on
l'y attendait avec impatience, et que tout se préparait pour le soutenir énergiquement.

La certitude d'un asile assuré et l'arrivée des
troupes du Holstein firent oublier pour quelques
instans à Pierre III l'imminence du danger :
Qui voudrait fuir, s'écria-t-il avec fierté, *avant
d'avoir vu l'ennemi*? et il rangea ses fidèles
Holsteinois en ordre de bataille ; mais les minutes, si précieuses dans une pareille crise, s'écou-

laient avec rapidité. Déjà les yachts qui devaient recevoir l'empereur et sa cour étaient prêts. Pierre perdait son temps à prendre de vaines mesures de défense, à examiner quelques petites éminences dont on pouvait tirer parti en cas d'attaque. Après avoir vainement essayé les représentations de la raison, on recourut à l'entremise des bouffons de cour, des laquais qu'il traitait familièrement. Ils employèrent leurs triviales plaisanteries pour le presser d'accélérer son embarquement. Pierre les traita de *lâches* et de *poltrons*.

Huit heures du soir venaient de sonner lorsqu'enfin un adjudant arriva ventre à terre avec la nouvelle que l'impératrice s'avançait vers Péterhof à la tête de vingt mille hommes.

Ce que la persuasion n'avait pu opérer, la terreur l'effectua. Pierre s'achemine enfin vers le rivage ; tous le suivent en désordre et dans la consternation. Tous se jettent dans les deux yachts ; et ce que la prudence consommée de Munnich avait conseillé lorsqu'il en était encore temps ne s'exécuta qu'avec précipitation quand il était déjà trop tard.

A force de voiles et de rames, l'yacht de l'empereur, qui portait Munnich et le favori de Pierre, l'adjudant-général Gudowitsch, arriva vers dix

heures devant Cronstadt ; et les matelots étaient
sur le point de jeter des planches sur le rivage
pour faciliter le débarquement, lorsqu'on en-
tend la sentinelle crier : *Qui vive ?* — *L'empereur*, répondit-on. — *Il n'y a plus d'empereur*,
répliqua la sentinelle.

A ces terribles paroles, Pierre s'avança, ouvrit son manteau pour montrer la décoration de
son ordre, et cria, en s'approchant pour des-
cendre sur le rivage : *C'est moi-même qui le suis ;
ne me connaissez-vous pas ?* Pour réponse, toute
la garde lui présenta la baïonnette ; et l'officier
qui la commandait menaça de faire feu si les
yachts ne s'éloignaient pas à l'instant. Accablé
de surprise et d'effroi, l'empereur recule et
tombe dans les bras de ceux qui l'accompa-
gnaient. Mais Gudowitsch se présente avec intrépidité, s'appuie de la main sur la barrière
qui formait l'enceinte du port et cherche à en-
courager l'empereur : *Faites comme moi*, lui
dit-il, *sautons ensemble sur le rivage, personne
n'osera tirer sur nous, et Cronstadt sera sauvé.*
Munnich n'était pas contraire à cet avis : mais
Pierre, incapable d'une pareille détermination,
va se cacher, demi-mort de frayeur, dans la
cajute ; il est accompagné de sa maîtresse, suivie de son père. Tout à coup il s'élève du port

des voix menaçantes qui annoncent que les canons vont tirer sur eux ; et ces cris féroces de la multitude : *retirez-vous, retirez-vous,* enlèvent aux conducteurs des yachts la liberté du choix. On ne prend pas le temps de lever les ancres. On coupe les cables, et les yachts s'éloignent ; et les malheureux qui fuient frémissent en entendant derrière eux mille voix qui s'écrient : *Vive Catherine notre impératrice.*

Aussitôt que les bâtimens furent hors de la portée du canon, les matelots cessèrent de ramer et attendirent qu'on leur ordonnât vers quel point ils devaient se diriger.

Munnich cependant était sur le pont, et, dans une contenance calme, considérait le ciel étoilé et le mouvement des vagues. Il était facile de pressentir ce qui était arrivé à Cronstadt depuis que Liewers y avait été envoyé. L'impératrice, convaincue de l'importance de cette place, y avait fait passer (comme on en acquit ensuite la certitude) le vice-amiral Talizin, homme adroit, qui avait gagné la garnison pour Catherine et fait arrêter le commandant Liewers. Ainsi, pour avoir follement tardé de suivre les conseils de Munnich, l'empereur avait entièrement manqué son but. Pierre, qui sentait douloureusement tout ce que sa situation avait

de critique, fit appeler Munnich. *Feld-maréchal,*
lui dit-il, *j'ai eu tort de ne pas me conformer*
tout de suite à vos avis ; mais, dans l'état actuel
des choses, que me conseillez-vous ! Vous vous
êtes aussi trouvé dans des circonstances péril-
leuses ! que pensez - vous que je doive faire à
présent ?

Je ne regarde pas encore votre cause comme
perdue, répondit Munnich ; *il faut que nous fas-*
sions voile vers Revel, pour atteindre la flotte
qui s'y trouve. De là, un vaisseau de guerre
nous conduit en Russie, où est l'armée; nous re-
tournerons en Russie à la tête de quatre-vingt
mille hommes; et je vous donne ma parole qu'a-
vant que six semaines se soient écoulées, je vous
ramène triomphant dans votre empire.

Toutes les femmes, tous les courtisans qui
avaient suivi le vieux guerrier auprès de l'empereur pour apprendre de sa bouche quelle était
leur dernière espérance, se tournèrent vers lui et
crièrent que cela était impossible ; que les matelots n'auraient jamais la force de ramer jusqu'à
Revel. — *Eh bien,* répliqua Munnich, *nous les*
aiderons tous, nous ramerons tous avec eux. —
Mais il lui fut encore impossible de faire prévaloir
son opinion. Tous les courtisans, ou intimidés,
ou peut-être perfides, entourèrent l'empereur,

l'étourdirent de leurs vains propos, lui dirent qu'il n'était pas encore réduit à une pareille extrémité ; qu'il n'était pas décent qu'un aussi puissant empereur s'enfuît de ses états sur une méchante barque ; qu'il était impossible que la nation se soulevât contre un si brave souverain ; que l'objet de cette sédition passagère pouvait bien n'être que de le réconcilier avec son épouse, et qu'il y avait tout espoir d'y parvenir, pourvu que S. M. y prêtât les mains. — Le faible empereur se laissa facilement persuader, et à l'instant il ordonna qu'on le conduisît à Oranienbaum.

Il était quatre heures du matin lorsqu'ils y abordèrent. Quelques serviteurs fidèles les reçurent sur le rivage ; et ils apprirent d'eux que l'impératrice et son armée n'étaient plus éloignées. Pierre, au désespoir, s'enferma dans sa chambre, et, d'après le conseil de mademoiselle de Woronzow , il écrivit à l'impératrice une lettre par laquelle il lui témoignait qu'il était disposé à lui céder l'empire , si elle voulait le laisser se retirer dans son duché de Holstein avec mademoiselle de Woronzow et l'adjudant Gudowitsch.

Les troupes de Holstein , qui dans l'intervalle étaient revenues de Péterhof à Oranienbaum, répétèrent leur serment de fidélité et s'offrirent d'exposer leur vie pour sa défense. Mais Pierre, dans l'espoir que ses propositions d'accommodement seraient acceptées, leur ordonna de se séparer et de déposer leurs armes.

Pour la dernière fois Munnich fit un effort pour s'opposer à cette mesure humiliante. Il s'approcha de Pierre d'un air affligé, et lui demanda s'il ne savait donc pas mourir en empereur à la tête de ses troupes. *Prenez, lui dit-il, un crucifix à la main, ils n'oseront vous toucher; et moi je me charge des dangers du combat.*

Ce fut en vain. Pierre persista dans sa résolution, et sa perte fut décidée. Au bout de quelques heures il fut arrêté, exposé à la risée des soldats, et conduit à Péterhof.

Dès-lors tout plia devant la nouvelle souveraine, et le jour suivant Munnich parut aussi parmi ceux qui allèrent la féliciter. — *Vous avez voulu combattre contre moi*, lui dit Catherine en le voyant. — *Oui Madame*, répondit Munnich avec fermeté; *pouvais-je moins faire pour le prince qui m'a délivré de ma captivité ? Mais c'est à présent mon devoir de combattre pour Votre Majesté, et je le remplirai avec le même dévouement.*

Catherine fut assez juste pour ne pas faire à

Munnich un crime de la noblesse avec laquelle il avait été fidèle à ce qu'il avait cru son devoir. Elle souffrit que, pendant trois mois, il parût en deuil à la cour ; et en même temps elle sut mettre à profit les dernières forces du maréchal Munnich pour le bien de l'empire.

L'entreprise qui avait été le premier objet de ses travaux en Russie fut aussi celui de ses efforts à la fin de sa carrière. Le canal de Ladoga était déjà un monument durable de ses talens éminens dans l'architecture hydraulique et de son activité ? A quel autre qu'à lui aurait-on pu confier la conservation et le perfectionnement de son ouvrage ! Il manquait quelque chose à ce magnifique canal. Il s'agissait de construire un port qui pût en assurer et en doubler les avantages.

Le port de Cronstadt, on l'avait observé depuis long-temps, n'était pas propre à servir de port principal aux escadres de la Russie. Les eaux douces de la Newa qui s'y écoulent avaient pour elles de graves inconvéniens. Aussi la plus grande partie des vaisseaux russes étaient-ils obligés de se retirer pendant l'hiver dans celui de Revel, qui, profond, spacieux, très-bien situé pour le commerce, pouvait être élevé au rang des premiers ports de la Baltique. Il n'était cependant pas comparable à celui pour lequel le golfe de Rogerwik, à quarante-quatre werstes de Revel, offrait toutes sortes de facilités. Ce golfe, ainsi nommé de l'île de Rog qui l'enferme presque de tous les côtés, a une bien plus grande étendue. Il a sept werstes de long ; sa largeur est de trois werstes vers le nord, et de cinq vers le sud. Il est suffisamment profond. Il a dix brasses partout, et même jusqu'à quatre près des côtes. On y entre très-commodément ; et il est en grande partie protégé contre les vents par des rochers escarpés qui, à l'aide aussi de quelques bas-fonds et de quelques bancs de sable, rendent tout débarquement de l'ennemi, sinon impossible, du moins très-difficile.

Déjà les Suédois, autrefois possesseurs de la Livonie, avaient reconnu l'excellence de cette situation, et avaient essayé de convertir en port le golfe de Rogerwik ; mais c'était une entreprise épineuse de fermer dans une étendue suffisante l'ouverture placée du côté du nord, qui devait former l'entrée principale du port. Car cette ouverture n'a pas moins de trois werstes de largeur ; et la profondeur de l'eau est en général de dix et en quelques endroits de dix-neuf brasses. Il n'était pas étonnant qu'on eût été effrayé d'un travail aussi prodigieux. Les Suédois cependant avaient commencé à construire un môle en cet endroit; mais bientôt ils l'avaient abandonné à la fureur destructive des vagues.

Pierre-le-Grand, en conquérant la Livonie, s'était emparé du projet dont l'exécution n'avait été qu'ébauchée. Rien ne lui paraissait colossal dès qu'il s'agissait du succès de son plan favori, l'établissement d'une marine. Il fut séduit de l'idée de construire un port qui devait offrir à sa flotte une sûreté complète, qui pouvait contenir plus de mille vaisseaux, et qui, quand il serait achevé, devait être le plus excellent port de l'Europe.

Mais l'accomplissement d'un pareil projet était-il physiquement possible? et les forces de l'état pouvaient-elles y suffire? Pierre l'avait essayé. Il s'était convaincu que les obstacles n'étaient pas insurmontables; c'en était assez pour lui; et les constructions avaient été commencées. La mort vint le surprendre au milieu de ces travaux; ils furent dès-lors interrompus; et ils n'avaient été dans la suite que faiblement continués, lorsque Catherine II vint porter sur le trône de Russie le courage et l'énergie de Pierre, et trouva auprès d'elle l'homme qui, jadis protégé, encouragé par cet empereur, avait achevé le canal de Ladoga.

A la vérité l'auteur justement célèbre de ce canal était fort avancé en âge; mais la grande Catherine reconnut bientôt que Munnich avait conservé sous ses cheveux gris toute la vigueur de la jeunesse, et cet esprit inventif, actif, infatigable, qui seul pouvait faire réussir une pareille entreprise.

Munnich fut donc chargé d'achever le port de Rogerwik, autant qu'il était possible de le faire. Catherine le nomma en même temps directeur-général des ports de Revel et de Narwa, des bâtimens à construire pour les perfectionner, ainsi que des canaux de Cronstadt et de Ladoga, et des chutes de Bolchowa.

L'ordre de consommer l'important ouvrage qu'avait conçu Pierre-le-Grand électrisa l'homme qui autrefois avait été redevable de son élévation à cet empereur. Il se saisit de cette idée avec enthousiasme, écarta les difficultés de diverses espèces qu'on lui opposa, et démontra les grands avantages du port de Rogerwik, qu'il nomma lui-même un frein contre les Suédois et contre tous les envieux de la Russie. —*Si j'étais assez malheureux*, écrivait-il de Revel à l'impératrice, *pour que V. M. renonçât à cette admirable entreprise, je me retirerais et passerais le reste de mes jours dans une cabane.*

Mais en même temps il réclama avec instance tous les moyens requis pour atteindre le but qu'il se proposait. Si l'ouvrage devait être couronné du succès, il fallait y employer la plus grande énergie. Il manquait de coopérateurs. Il demanda un nombre suffisant d'ingénieurs et de secrétaires. Il avait besoin de travailleurs : des criminels condamnés à mort furent mis à sa disposition. Il demanda et obtint que plusieurs régimens se rendissent sur les lieux et concourussent aux travaux. Munnich apportait un zèle extrême à toutes les tâches qui lui étaient confiées : tel était son caractère habituel. On ne doit donc pas s'étonner que chez un vieillard de quatre-vingts ans, qui n'avait plus une heure à perdre, ce zèle ne devînt impatient et ne dégénérât même en une sorte de frénésie. Pour arriver à ses fins, il écrivit à plusieurs reprises à l'impératrice ; il employait tour à tour les flatteries, les instances, les leçons ; il alla jusqu'à se permettre des mouvemens de colère.

Mais l'entreprise était trop sérieuse pour que l'impératrice précipitât ses résolutions. D'ailleurs le voyage qu'elle avait à faire à Moscow, pour son couronnement, l'empêcha de s'y livrer aussitôt que Munnich l'eût désiré. On ne conçoit même pas comment la souveraine trouva le temps de s'en occuper de si bonne heure et même d'entrer en correspondance avec lui sur cet objet.

Catherine souriait aux galanteries par lesquelles le vieillard espérait la disposer en sa faveur. « Allons-nous commencer presqu'en badinant « l'important ouvrage qui a été conçu avec tant « de maturité? Nos lettres ressembleraient, en « vérité, à des lettres d'amour, si votre âge pa- « triarchal ne leur donnait de la dignité. »

Elle prisait, au reste, les talens du vieillard ; elle le nommait *le héros;* et son amour-propre était très-flatté. Il lui répondit à ce sujet : *Je n'ai jamais prétendu à être placé au rang des héros; mais depuis cette lettre je puis prendre ce titre ; et, comme héros de votre création, je mourrai* LE HÉROS DES HÉROS.

Catherine l'avait assuré, par écrit et de bouche, qu'elle avait beaucoup de confiance en lui, qu'elle était contente de ses efforts ; elle lui avait dit : *Depuis six heures du soir la porte de mon cabinet est ouverte pour vous. — Vous pouvez, M. le maréchal,* lui écrivait-elle un jour, *vous pouvez être persuadé que je suis remplie d'estime pour vous; que je connais toute la grandeur de votre ame et de votre capacité, et qu'en consé- quence j'arrangerai le mieux que je pourrai, et selon votre contentement , tout ce qui vous regarde. — Ne faites pas attention aux sots propos ,* lui disait-elle dans une autre lettre, *vous avez de votre côté Dieu , moi et votre talent. Nos vues sont bonnes et fondées sur le bien public , devant lequel toutes les autres considérations s'évanouiront infailliblement. Ménagez - vous pour l'intérét de l'empire. L'ouvrage que vous entreprenez rehaussera la gloire de la Russie et la vôtre. Je veux donner la plus grande attention à tout ce qui vient de vous.*

D'après ces paroles encourageantes, Munnich se crut en droit de s'exprimer sans ménagement dans ses lettres sur tout ce qui lui paraissait nécessaire pour remplir le grand objet dont il se trouvait chargé. Dès le premier voyage qu'il fit, dans l'été de 1762, à Narwa et à Revel, il écrivit presque tous les jours de courrier à l'impératrice. Il éveillait son attention sur toutes les choses qu'il avait observées sur sa route. — « Le plus « grand malheur des princes , écrivait-il de « Narwa, c'est que ceux en qui ils mettent leur « confiance ne leur disent jamais entièrement la « vérité : c'est ce que je veux faire. Je ne re- « doute aucun parti, dût-il, comme je le pres- « sens , s'en élever contre moi, même autour « du trône ; car je parle à Catherine, qui , avec

« le courage et la fermeté de Pierre-le-Grand,
« saura bien exécuter ses salutaires entreprises. »

Rempli de cet esprit, il osa dénoncer différens
abus, mais, avant tout cependant, ceux qui
avaient rapport à l'architecture hydraulique et
qui étaient plus particulièrement de son ressort.
— « Il est honteux, écrivait-il un jour, que de-
« puis plusieurs années on lève sur les Anglais
« et les Hollandais une contribution pour le ré-
« tablissement du port de Narwa, et qu'on dé-
« pense leur argent sans mettre la main à l'œuvre.
« Tout serait déjà achevé si les cinquante à soi-
« xante mille roubles qu'on a déjà recouvrés eus-
« sent été employés conformément à leur desti-
« nation. Narwa, la première ville que Pierre-le-
« Grand ait conquise ; Narva, la porte de la
« Russie du côté de l'Europe ; Narwa, dont le
« commerce était jadis florissant, tombe en
« ruines ; elle attend la main secourable de la
« souveraine. »

Catherine accueillit ses plans, et mit aussi un
frein au monopole qui nuisait à la prospérité de
la ville de Narwa.

Elle hésita davantage à décider si on devait
recommencer les travaux du port de Rogerwik.
Cependant, pleine de confiance dans la probité
et la capacité de Munnich, elle se détermina en-

fin à faire reprendre provisoirement les travaux qui avaient déjà été entamés. Munnich désirait que ce port fût nommé *Catharinen-hafen*, ou *port de Catherine*. L'impératrice se refusa à cet hommage, et le nomma PORT BALTIQUE.

Dès-lors un nouveau plan, conçu par Munnich, fut adopté. On construisit le môle en un autre endroit que celui où les Suédois avaient commencé leurs travaux; et on se mit à l'ouvrage des deux côtés à la fois. Du côté de la terre, le môle devait s'avancer de huit cents pas dans la mer, et se terminer par un rempart bien fortifié. Du côté de l'île de Roog, où l'eau a moins de profondeur, les travaux devaient être portés beaucoup plus en avant, et aboutir à un rempart semblable. L'ouverture que ces deux remparts laisseraient entre eux devait former l'entrée du port. De chaque côté une redoute, et quelques batteries en partie inclinées, devaient protéger l'entrée et le môle, en arrière desquels on voulait établir deux ponts, l'un vers le continent pour les vaisseaux marchands, l'autre en regard de l'île, derrière le plus long des deux môles, pour les vaisseaux de guerre. Les rochers élevés qui bordaient le rivage devaient sauter, les gros éclats qu'on en retirerait, être employés à la grande digue, et les pierres, servir à construire

les redoutes et à combler en certains endroits
les profondeurs du terrain.

Tel était le plan de Munnich. On s'y con-
forma exactement, et les travaux furent suivis
avec activité. Déjà vers la mi-septembre 1762
Munnich fut en mesure d'écrire à l'impératrice
en ces termes : « On n'avait achevé que soixante-
« dix-neuf toises dans l'espace de quarante ans;
« et du 17 août jusqu'au 5 septembre, ainsi en
« vingt-trois jours, on a ajouté trente et une
« toises aux travaux, c'est-à-dire plus du tiers
« de tout l'ouvrage ; en sorte qu'à présent cent-
« dix toises du môle sont achevées. On a aussi
« fait couler à fond la première grande pinque
« chargée de pierres à l'endroit du môle que
« j'avais indiqué. Tels sont les résultats prodi-
« gieux de la nouvelle méthode de travail que
« j'ai introduite. Nous travaillons en même
« temps, avec le peu d'hommes que nous avons
« aux casernes, au petit port du général-major
« Schilling, au déchargement des vivres que
« onze galiotes nous apportent, etc. etc. Avec
« combien plus de succès encore ne travaille-
« rions-nous pas si on me donnait les cinquante
« mille hommes et les coopérateurs que je de-
« mande instamment ! Mais toutes mes ins-
« tances sont vaines. Si c'était dans le centre de

« Pétersbourg que j'eusse à construire le nou-
« veau port, oh! comme alors je verrais les
« amiraux et toute la marine s'empresser à me
« favoriser! Mais le port Baltique est à trois ou
« quatre cents werstes de la capitale : quand il
« sera construit, une partie de l'amirauté sera
« obligée de s'y transporter. Comment pourrais-
« je me flatter de leur bienveillance? Quelqu'un
« a déjà dit dans le sénat : *Que pourra effectuer*
« *le feld-maréchal à Rogerwik, où, depuis*
« *soixante ans, les plus habiles ont échoué?*
« Voilà le langage de la léthargie, de l'indo-
« lence et de la méchanceté. Mais c'est à Cathe-
« rine que la Providence a remis le soin de
« consommer l'ouvrage de Pierre-le-Grand.
« Elle agira aussi comme il agissait. Lorsque
« Pierre me confia la construction du canal de
« Ladoga , il me présenta au sénat et dit ces
« paroles : *J'ai trouvé l'homme qui construira*
« *le canal à ma satisfaction; je vous ordonne*
« *de faire tout ce qu'il vous demandera.* » C'est
ainsi que Munnich, fidèle jusques dans ses dernières années à son caractère d'austère franchise ,
s'exprimait avec sa souveraine.

L'impératrice fit une grande partie des choses
qu'il désirait; mais elle ne les fit pas toutes.
Elle ne parut pas s'offenser des exagérations de

son zèle. Cependant elle lui donna à connaître assez clairement son mécontentement sous d'autres rapports ; elle ne lui dissimula même pas qu'elle n'avait pas une entière confiance en lui quant au résultat de ses travaux. Son amour-propre dut être un peu affligé lorsqu'il reçut de Catherine II une lettre, datée de Pétersbourg le 25 septembre 1762, et conçue en ces termes :

« Je vous avoue que vos dernières lettres ne
« m'ont point tentée d'y répondre (1). Mon voya-
« ge, les arrangemens de mon couronnement,
« la cérémonie et celles qui s'en sont suivies ne
« m'en ont pas d'ailleurs laissé le temps. Vous
« pouvez à Korf ajouter deux *flugel*-adjudans ;
« et envoyez-moi une liste d'une chancellerie
« convenable aux travaux qui sont confiés à
« vos soins ; je ferai expédier ensuite les oukases
» que je trouverai nécessaires. Dès que ce temps
« fatigant sera passé, je ferai réflexion aux
« autres articles de vos lettres. Je ne me mêlerai
« en aucune manière, selon vos désirs, de ce
« qui regarde Wartenberg. Je vous renvoie

____

(1) La lettre que nous rapportons ici est en français, et n'est pas écrite de manière à prouver que cette princesse, si renommée par son esprit et sa capacité, sût écrire la langue française avec correction ni avec élégance.

(Note du traducteur.)

15*

« vos plans ; j'ai dit au chancelier d'expédier
« votre passe-port pour aller sur vos terres en
« Allemagne. Je n'ai point intention de retenir
« personne ; je hais surtout toute tracasserie ;
« celle-ci ne m'extorque rien. Je ne veux du
« mal à personne. Je sais oublier à propos ; et
« je suis avec beaucoup d'estime et de recon-
« naissance pour toutes les douceurs dont vous
« parez vos lettres,

Votre affectionnée

CATHERINE.

Cinq jours après cette princesse écrivit au
feld-maréchal une autre lettre qui respire une
sorte de méfiance. — « Je suis très-curieuse, lui
« disait-elle, de savoir si cette grande augmen-
« tation de l'ouvrage du port Baltique, que
« vous me marquez, a été faite sur les anciens
« fondemens, et si c'est dans la plus grande
« profondeur ; je serais encore bien aise de
« savoir l'effet de la pinque, dont vous espériez
« du merveilleux. J'attends toujours avec im-
« patience le plan général de cet ouvrage, afin
« de pouvoir m'arranger en conséquence. Ma
« maison de Catrinen-thal, près de Revel, est à
« votre usage ; je vous en donne la permission.

Signé CATHERINE.

Ces petits dégoûts ne ralentirent point le zèle du feld-maréchal pour les travaux dont l'utilité était reconnue. — *Le sommeil n'approche presque pas de mes paupières*, écrivait-il à l'impératrice ; *je mange peu. Rempli de mes pensées, je ferme les yeux ; et à peine suis-je réveillé, que je reprends le fil du travail que le sommeil a interrompu pour quelques instans.* Puis, revenant bientôt au ton de la plainte, il poursuivait ainsi : *Mais, non-seulement on ne m'aide pas dans mes travaux, on m'oppose tous les obstacles possibles, on me tourmente, on me maltraite, on me pousse à l'extrémité. Il est bien visible qu'on a pour objet de me mener à perdre la patience et à faire quelque fausse démarche qui m'enlève, sans que je l'aie mérité, la faveur de ma souveraine, dût-on, pour y parvenir, porter préjudice à l'état.*

Son désir le plus ardent était d'obtenir que l'impératrice fît elle-même un voyage au port Baltique. Ce désir fut rempli en 1764. De même que quarante ans auparavant, pour triompher de ses ennemis, il avait conduit Pierre-le-Grand au canal de Ladoga, de même il conduisit Catherine au môle nouvellement construit, lui fit voir comment, en dépit des ouragans de l'hiver, les ouvrages s'étaient conservés ; et ce fut avec le même succès. Catherine lui exprima qu'elle était entièrement satisfaite, et arrêta que les travaux seraient continués.

On y employait des malfaiteurs qu'on appelait *katerschnicke*, du mot russe *katorga*, qui signifie *travaux publics*. On avait établi sur les lieux un commandant, des officiers, des inspecteurs ; on y avait construit soit en maçonnerie, soit en bois, des logemens pour la chancellerie, pour servir de dépôt aux instrumens et aux matériaux, quatre casernes pour les soldats qui y montaient la garde, plusieurs maisons pour les prisonniers, les forgerons et autres ouvriers. Les éclats de rochers y étaient amenés soit par des hommes sur des espèces de chariots à roues très-basses, soit à l'aide de prames longues et unies ; et quand ils étaient sur place on les jetait au fond de la mer, soit un par un, soit plusieurs ensemble, liés par des cables ou des nattes. Le môle avait de soixante à quatre-vingts coudées de large ; sa plus grande élévation au-dessus de l'eau était de vingt-un pieds. Sous la direction de Munnich il s'en acheva, du côté de la terre, une portion de huit cents pas, et du côté de l'île une de trois cents. Les travailleurs eurent en un certain endroit de grandes difficultés à vaincre. A trois reprises

les ouvrages déjà finis furent tellement détruits
par l'impétuosité des vagues, qu'il n'en restait
pas de vestiges même au fond de l'eau. A force
de constance on parvint enfin à leur donner
de la solidité. Il arrivait souvent qu'un ouragan
détruisait en quelques minutes un travail qui
avait coûté plusieurs milliers de roubles. Le
port lui-même résista à cette fureur des élémens
à cause de sa profondeur; et Munnich n'eut
pas le chagrin d'emporter au tombeau la conviction que la vaste entreprise que son amour-
propre avait adoptée avec enthousiasme, qui
occupait les dernières années de son activité,
qui devait ajouter à sa gloire et lui donner un
titre de plus à l'immortalité, que cette entreprise finirait par être abandonnée (1).

---

(1) Il mourut en 1767, et ce ne fut qu'en 1769 que fut
donné l'ordre définitif de cesser les travaux du port Baltique. Ils avaient coûté des sommes considérables, sur la
quotité desquelles on n'était pas d'accord. En 1771 il y
avait encore sur place une provision de poutres pour la
valeur de vingt mille roubles, et d'instrumens pour celle de
dix mille. On y avait employé les bras de deux mille huit
cents malfaiteurs, qui travaillaient les uns sur le continent,
les autres dans l'île. Lorsqu'on eut renoncé à l'entreprise,
tous ceux qui pouvaient être utiles furent conduits en
Russie, où on les employa soit aux travaux des mines,

Au contraire, depuis le voyage de Catherine, il vit la confiance de cette princesse s'augmenter sensiblement et ranimer en lui l'espoir des résultats les plus favorables. Il lui avait écrit un jour : *Daignez me consacrer une heure chaque*

---

soit au défrichement de terres incultes et désertes. Leur surveillance avait donné de grands embarras aux soldats chargés de les garder, et surtout lorsque le travail prescrit pour la journée se prolongeait jusques dans la nuit. Plusieurs alors s'évadaient ou se cachaient. De là de grandes anxiétés pour la garde et de vives alarmes pour le pays voisin. Marqués au visage comme ils l'étaient, ils ne pouvaient se montrer librement. Quiconque en saisissait un, et le livrait, recevait cinq et jusqu'à dix roubles de récompense. Ceux qui parvenaient à se retirer dans les bois y vivaient de pillage. Il n'en fallait pas plus de dix pour frapper de terreur toute une contrée. Quelques personnes pensent que l'entreprise du port Baltique pourrait se consommer si on y faisait travailler avec activité non pas des prisonniers, mais des soldats enrégimentés ; si dans les endroits difficiles à combler on faisait couler bas des carcasses de vaisseaux ; si on employait d'autres moyens pour vaincre l'impétuosité des vagues ; si surtout les travaux étaient poussés avec ardeur pendant l'hiver sous les glaces lorsqu'on n'a pas d'efforts destructeurs à redouter de la part des flots agités. D'autres pensent que l'espace du côté de la pleine mer est trop large pour qu'on puisse opposer aux vagues une résistance suffisante, d'autant plus que les pierres qu'on pourrait y employer se dissolvent à la longue dans l'eau et ne sont nullement propres à cet objet.

jour, ou même moins; appelez-la l'HEURE DU MARÉCHAL MUNNICH; *elle sera un des moyens de rendre votre nom immortel.* — On voit que l'âge n'avait affaibli aucune des facultés ni des passions du maréchal Munnich, et surtout qu'il ne l'avait pas rendu modeste. Catherine voulut bien cependant acquiescer à ses instances. Elle lui consacra en effet *cette heure* qu'il réclamait avec tant de confiance. Munnich lui communiquait le fruit des méditations qu'il avait recueillies dans le cours d'une si longue carrière, à travers tant de vicissitudes, sur plusieurs objets qui intéressaient la prospérité de l'empire de Russie.

Le projet qu'il avait médité en Sibérie avec une prédilection toute particulière était l'expulsion des Turcs hors de l'Europe. Dès le premier anniversaire du grand-duc Paul il exprima à l'impératrice le désir de saluer ce prince, en qualité de généralissime des armées russes, dès qu'il aurait atteint sa dix-septième année, et, conformément aux vues de Pierre-le-Grand, de le conduire à l'office divin dans l'église de Sainte-Sophie à Constantinople. « On traitera peut-être, ajoutait-il, cette con-« quête de chimère, comme on a fait de la « construction du port Baltique; et cependant

« je puis prouver que depuis 1695, époque à
« laquelle Pierre assiégea Asow pour la pre-
« mière fois, jusqu'à l'heure de sa mort, ainsi
« pendant un espace de trente ans, les grandes
« idées de ce prince étaient de conquérir Cons-
« tantinople, de chasser d'Europe les infidèles,
« Turcs et Tartares, et de rétablir ainsi l'em-
« pire grec. Je puis même présenter le plan
« général de cette vaste et importante entre-
« prise. J'y avais travaillé plusieurs années pen-
« dant mon exil; mais ce travail s'est perdu,
« ainsi que mon nouveau système de fortifi-
« cations; et j'ai besoin de loisirs et de temps
« pour le refaire. »

LE PROJET ORIENTAL (c'est ainsi qu'on le nomma dans la suite) flattait par dessus tout l'ambition de Catherine; et elle se plaisait à entendre
dans son cabinet le vieux guerrier qui, jusqu'à
sa dernière heure, ne put oublier que la paix
de Belgrade était venue interrompre le cours
de ses plus beaux triomphes. Les annales sanglantes des dix dernières années du dix-huitième
siècle ont assez prouvé combien Catherine était
entrée dans les idées du maréchal Munnich, et
avec quelle ardeur elle aspirait à consommer le
vaste projet qu'elle avait conçu pour ainsi dire à
son école. Si les grandes conquêtes par lesquelles

les Gallitzen, les Romanzow et les Potemkin ont
reculé avec tant d'éclat les limites de l'empire
de Russie; si ces conquêtes ont procuré à l'état
de la force, de la sûreté, de la prospérité, c'est
à Munnich qu'appartient l'honneur d'avoir,
non-seulement par ses armes mais encore par
ses conseils, préparé à la Russie ces brillans
succès, et d'avoir ouvert la carrière glorieuse
qu'ont parcourue ces généraux.

Munnich, dans ses entretiens avec Catherine,
ne se bornait pas aux grandes conceptions de la
politique extérieure; il lui communiquait aussi
ses idées sur l'organisation intérieure du gouvernement; ce qui donna lieu à un écrit qui
ne fut publié qu'après sa mort, mais sans nom
d'auteur, sous le titre de : *Ebauche pour donner
une idée de la forme de l'empire de Russie,
Cop.* 1774.

« La forme du gouvernement de Russie, y
« dit le feld-maréchal, n'a pas été déterminée
« sous les règnes précédens. Il y avait entre le
« souverain et la puissance du sénat une lacune
« qui n'a jamais été remplie que d'une manière
« défectueuse, et par des personnes dont le plus
« grand mérite était la faveur du souverain,
« faveur dont elles abusaient au préjudice de
« l'état. Or le bien de l'état exige évidemment

« que cet intervalle soit comblé. Il le serait
« par un conseil intime dont les membres se
« trouveraient au timon pour la direction du
« vaisseau de l'état, et épargneraient à l'im-
« pératrice la peine d'entrer dans le détail des
« affaires qui ne sont pas d'une extrême impor-
« tance. *Il fut un temps*, m'a dit Catherine,
« *où je travaillais quinze heures par jour.* Je
« pris la liberté de lui observer qu'il ne fallait
« jamais travailler jusqu'à en être fatigué, et
« je lui rappelai ce mot de Gratien : *Qui peut*
« *seul supporter tant et de si grandes affaires ?* »

Quis tot sustineat, quis tanta negotia solus?

« La formation d'un conseil intime est donc
« nécessaire ; mais ce qui ne l'est pas moins,
« c'est la répartition bien distincte des affaires
« entre divers départemens. Qu'un homme soit
« à la tête du département des affaires étran-
« gères ; qu'un autre dirige les affaires de la
« guerre, un troisième la marine, un qua-
« trième les finances et le commerce, un cin-
« quième les affaires intérieures de l'empir.
« Ces cinq membres du conseil intime seraient
« chargés de proposer à l'impératrice et de
« faire parvenir les diverses expéditions au sé-
« nat et aux dicastères qui ne dépendraient pas
« immédiatement de lui. Il est entendu que

« chaque département aurait un bureau et se-
« rait pourvu de secrétaires intelligens et pro-
« bes. L'art le plus important des princes est
« celui de savoir bien choisir les personnes aux-
« quelles la conduite des différentes affaires est
« confiée. Les employés doivent unir à l'habi-
« leté et à la probité le zèle et l'application dans
« l'exercice de leurs fonctions. Grace à Dieu,
« la nation ne manque pas de pareils sujets, et
« notre impératrice a la sagacité nécessaire pour
« faire de bons choix. »

C'était Munnich lui-même qui aurait pu servir de modèle à tous ceux qui étaient employés
au service de l'état. Suivons encore le vénérable
vieillard dans un voyage qu'il fit en 1765 au
canal de Ladoga. *Je suis descendu au moins
trente fois,* écrivait-il, *pour voir par mes
yeux toutes les écluses et tous les conduits. Je
trouve encore autant de plaisir à cet important
ouvrage que j'en trouvais, il y a quarante-deux
ans, lorsque je commençai la construction du
canal, et je ne vois pas une barque que je ne
la salue avec satisfaction. Ce qui passe annuel-
lement par ce canal s'élève certainement à la
valeur de dix millions de roubles.*

On avait composé des dessins de tous les ouvrages et écluses du canal. Il en fit une collec-

tion sous le titre de *Recueil des écluses et des travaux du grand canal de Ladoga.* Pendant l'hiver de la même année il visita de nouveau la rade de Narva, et présida aux travaux du port sur la glace. *La glace, écrivait-il, est si forte qu'elle porte les ouvriers et la machine à enfoncer les pilotis, dont le bloc de fer pèse deux mille huit cents livres de Russie. J'assiste journellement plusieurs heures à ce travail, au milieu du froid le plus rigoureux, et je me trouve sain et dispos.*

Dans l'été de l'année 1766 l'infatigable vieillard fit encore un voyage semblable. L'impératrice avait fourni une somme de trois cent soixante-trois mille roubles, qui furent employés à creuser un nouveau bras au canal de Ladoga, et à construire une triple écluse. Munnich présida à ces travaux; de là il retourna en automne à Narva, à Revel et au port Baltique, et visita les travaux qui étaient sous son inspection. Ce fut pour la dernière fois. Peu de semaines avant sa mort il alla encore visiter le canal de Ladoga, et prit congé, pour ainsi dire, de son plus ancien ami.

Son activité, loin d'être affaiblie par l'âge, semblait chercher de nouveaux alimens. Elle se porta, dans ses dernières années, sur des détails relatifs à la religion qu'il avait constamment professée, sur la communauté des protestans de St.-Pétersbourg. Celle de St.-Pierre fut surtout l'objet de ses soins. Depuis 1727 jusqu'à son bannissement en Sibérie, il avait été patron de l'église et communauté de ce nom ; et en cette qualité il lui avait procuré en 1728 le bel emplacement qu'occupent encore aujourd'hui l'église et les bâtimens qui en dépendent. C'était lui qui de sa propre main avait tracé le plan et la façade de cette église. C'était lui qui avait réalisé en grande partie, par des collectes faites au dehors, les sommes nécessaires à sa construction, qui en avait posé la première pierre, et qui, lors de sa consécration, en avait remis solennellement les clefs devant l'autel au ministre du culte évangélique. A son retour de son exil il s'empressa de reprendre son titre de patron, et fit un don de mille roubles pour les réparations et les embellissemens du vaisseau de l'église. Ce fut aussi sur sa demande que l'impératrice et le grand-duc son fils contribuèrent à l'extinction des dettes que la communauté évangélique avait contractées en construisant l'édifice d'une école publique.

Il était beau, il était touchant de voir un vieux guerrier consacrer une partie de ses veilles et de ses talens à ces détails religieux qui semblaient si étrangers aux occupations de toute sa vie. Il y mit même la chaleur qu'il mettait à tout. Un tribunal ayant voulu punir la résistance de quelques ministres du saint Evangile, en restreignant les immunités de leur communauté qui n'étaient pas encore bien déterminées, le feld-maréchal s'enflamma, pour ainsi dire, d'une sainte colère en leur faveur. Busching, qui y prenait un intérêt personnel, s'en exprime en ces termes : « Il déploya dans cette guerre « ecclésiastique une telle ardeur, un courage « si ferme, tant de ténacité et de persévérance, « qu'il me retraça une vive image de sa conduite « dans ses campagnes d'autrefois ». En effet, il assiégea de ses remontrances le sénat dirigeant les principaux ministres et l'impératrice elle-même. Il tenta tout ce qu'il était possible de tenter ; et il triompha, suivant son ancienne habitude. Un des pasteurs qui avait été arrêté fut mis en liberté d'après l'ordre immédiat de la souveraine ; et, accompagné de presque tous les prêtres de sa communion, il alla lui présenter ses hommages et ses remercîmens, comme à son libérateur et à celui de son église. Le docteur Busching lui-même portait la parole au nom de cette députation, et dit : « Jusqu'ici « nous vous avons révéré comme un des plus

« grands héros, un des plus grands capitaines
« de notre siècle ; aujourd'hui nous vous révé-
« rons aussi comme le magnanime défenseur
« des avantages de l'église de Jésus - Christ
« et de ses serviteurs. La postérité la plus re-
« culée bénira vos généreux efforts. » Un homme
vieilli dans les camps, endurci dans les travaux
pénibles, éprouvé par une longue infortune,
ne devait pas être facile à émouvoir ; et cependant Munnich fut tellement attendri de cette
scène, qu'il ne put retenir ses larmes. Son zèle
toutefois fut porté en cette occasion au-delà des
bornes qu'il n'aurait peut-être pas dû franchir.
Une partie de la communauté évangélique, appuyée par le feld-maréchal, désirait l'établissement d'un troisième chapelain. Il se tint pour
cela une assemblée à laquelle Busching ne fut
pas appelé. Cette mortification l'affecta à tel
point qu'il s'éloigna de Pétersbourg. Il en résulta des divisions qui firent crouler tout l'édifice qu'on avait si sagement élevé.

Ces occupations, au reste, n'étaient pour lui
que secondaires. Son étude favorite, celle de
l'art de la guerre, n'en souffrit aucunement. Il
retrouva son système de fortifications auquel
il avait dû autrefois son entrée au service de la
Russie ; et il se mit à travailler au perfection-

nement d'un ouvrage qu'il croyait, à plusieurs égards, supérieur à celui de Vauban ; tant il est vrai que l'amour-propre est la dernière passion qui s'éteigne dans le cœur de l'homme !

Il y avait déjà quelques années qu'il s'était aussi occupé à composer les mémoires de sa propre vie. D'après le désir que lui exprima l'impératrice il reprit ce travail, et le continua avec ardeur. « Ces mémoires, écrivait-il lui-« même, et on pouvait s'y attendre, ces mé-« moires devaient donner des solutions sur plu-« sieurs points de l'histoire de Russie. » Il est à regretter que cet ouvrage n'ait pas été achevé, et même que les fragmens en aient été, à ce qu'il paraît, perdus pour la postérité. Son petit-fils n'en a trouvé aucune trace ; et il est probable que les ébauches des mémoires de Munnich auront été déposées dans les archives du cabinet pour n'en jamais sortir.

Le cercle d'activité du vieux feld-maréchal s'étendait au-delà des limites de la Russie. Le pays d'Oldenbourg, sa première patrie, fut surtout constamment présent à sa pensée ; et ses relations s'y étaient prolongées par la correspondance non interrompue qu'il y suivait avec les administrateurs de ses biens. Le tumulte des camps, le fracas des batailles ne suffisaient pas pour le distraire entièrement des premières affections de son cœur. Un jour, du champ de bataille même d'Oczakow, il écrivit sur des objets purement économiques à l'homme qui était chargé de ses intérêts dans le pays d'Oldenbourg. Il lui mandait, en post-scriptum, qu'il avait mis à part pour lui une pelisse turque qui faisait partie du butin ; et dans sa vieillesse il se plaisait à raconter cette particularité. On ne peut lire sans attendrissement les lettres que, déjà fort avancé en âge, il écrivait tantôt à son administrateur Gans, tantôt à sa femme, tantôt à M. *Hunrichs*, homme de mérite, son ami et parent. Il aimait à leur parler des jours de sa jeunesse. Il s'informait de ce jardin où jadis il avait cultivé des roses et cueilli des groseilles. Il leur rappelait ces premières années de sa vie appliquée, où il accompagnait son père dans ses voyages aux digues, et où il avait rassemblé des connaissances sur l'administration des digues et sur les moyens de l'améliorer, non-seulement en voyant ces objets par ses propres yeux, mais encore en copiant un mémoire que son père avait composé sur cette matière. A son retour de Sibérie, l'inspecteur des digues du pays d'Oldenbourg était ce même Hunrichs avec lequel il était en relation suivie. Il lui envoya une co-

pie de ce manuscrit, en y joignant les plans et
les dessins qui y avaient rapport; et Hunrichs
l'ayant jugé digne d'acquérir plus de publicité,
le feld-maréchal, en honneur de la mémoire
de son père, et pour l'utilité de son pays natal,
le fit imprimer à ses frais. L'ouvrage parut en
1767 sous le titre de : *Oldenburgisker Deich-
band*, avec une préface de Hunrichs et des ad-
ditions qui en augmentaient beaucoup le prix.
Mais Munnich avait fermé les yeux lorsque l'é-
crit de son père fut publié.

Il avait conservé le souvenir fidèle des loca-
lités de cette patrie toujours chère à son cœur
et qu'il n'avait pas vue depuis si long-temps. Il
en donna la preuve dans un plan très-détaillé
de diverses améliorations qu'il croyait à la fois
utiles et praticables. Outre quelques projets relatifs au meilleur entretien de la levée qui
borde les rives de la Hunte et celui des chemins publics des deux comtés d'Oldenbourg et
de Delmenhorst, ce plan avait pour objet principal de proposer un canal à deux branches,
dont l'une devait partir d'Oldenbourg et aboutir à Elsfleth sur le Waser; l'autre, commencer
au pont de la Hunte, côtoyer la Berne jusqu'à
Altanasch et se joindre à la rivière de Delme,
Munnich envoya ce projet non-seulement au roi

de Danemarck, qui était encore alors souverain des deux comtés, mais aussi à son estimable correspondant Hunrichs, dans les papiers duquel on a trouvé, après sa mort, ce monument de la rare activité du feld-maréchal jusques dans ses dernières années. Un homme aussi habile que Hunrichs reconnut mieux que personne les divers obstacles, tant politiques que physiques, qui pouvaient s'opposer à l'exécution des plans de son illustre ami. Il s'en exprima franchement avec lui. Il ajouta que cependant si, « comme « autrefois, le souverain eût été présent dans le « pays, on aurait pu réaliser, sous sa protection, « plusieurs des excellentes idées que le feld-« maréchal avait conçues ; mais que pour le « moment il était difficile de s'en occuper ; que « les contrariétés ordinaires acquerraient de la « force par l'éloignement du siège du gouver-« nement ; et que les difficultés qu'on oppose-« rait, qu'elles fussent fondées ou non, si « elles n'écartaient pas entièrement le projet, « le livreraient à des longueurs interminables, « et finiraient par le faire oublier. »

Les choses se passèrent comme Hunrichs l'avait prévu. Les plans d'amélioration que Hunrichs avait proposés fixèrent d'autant moins l'attention du gouvernement danois, qu'on était alors en pleine négociation pour l'échange du pays d'Oldenbourg, qui devait enfin mettre un terme aux longues querelles des deux branches de la maison de Holstein. Le roi de Danemarck, Philippe V, le remercia cependant par une lettre fort obligeante de ses efforts; et en témoignage de son estime particulière, ce prince lui accorda le droit illimité de chasse dans ses domaines du pays d'Oldenbourg.

Le roi de Danemarck n'ignorait pas que le vieux feld-maréchal prenait encore un très-vif intérêt à l'amélioration de son patrimoine. Munnich ne perdait pas une occasion de l'agrandir par des achats; et dès qu'il s'agissait de l'administration de ses biens, il entrait quelquefois dans des détails qui eussent paru minutieux, même de la part d'un propriétaire dont c'eût été l'unique occupation; et ces petites faiblesses semblent devoir être mises plutôt sur le compte de l'homme (car quel est même le grand homme qui n'a pas ses faiblesses), que sur le compte du vieillard.

Il voulait, par exemple, que sa maison de *Neuen-Huntorf* fût rebâtie d'après ses propres plans. Il fit acheter dans la ville même d'Oldenbourg une ancienne maison connue sous le nom d'hôtel du comte Christophe; et il n'é-

pargna aucunes déponses pour la rendre logea-
ble ; car son projet très-décidé était (et il fut
tel jusqu'à sa dernière heure), de se retirer à
Oldenbourg et de mourir dans sa patrie. Il voulait avoir son domicile habituel dans la ville
même d'Oldenbourg, et passer les étés et les au-
tomnes à sa terre de Neuen-Huntorf. Il revenait sans cesse sur ce projet; toutes ses lettres en
parlaient. Un an avant sa mort il écrivait encore
à la femme de l'administrateur de ses biens, que,
sans la connaître personnellement, il l'avait prise
en amitié en correspondant avec elle. « J'habite
« ici un palais dont les appartemens sont garnis
« en tentures de damas et décorés de tableaux;
« mais j'abandonnerai tout cela sans regret
« aussitôt que je pourrai me rendre à Olden-
« bourg ; car j'aime ma patrie de tout mon
« cœur ; et mon souhait le plus ardent est de
« me retrouver dans mes biens. Vous désirez
« aussi, j'en suis sûr, mon amie, vous dési-
« rez avoir auprès de vous votre vieux feld-ma-
« réchal ; et, s'il plaît à Dieu, notre vœu s'ac-
« complira dans le mois de mai prochain. »

Ces idées de retraite n'apportaient cependant point de relâche à ses occupations habi-
tuelles. Quelques mois avant sa mort il écri-
vait à son ami Hunrichs :

« Mon système sur les fortifications, l'expé-
« dition des affaires de ma place, mes corres-
« pondances avec ma famille et avec d'autres
« personnes, m'occupent tellement, que chaque
« jour je dirige une grande chancellerie de
« Russie, une française et une allemande, et
« que, été et hiver, sans en excepter les diman-
« ches ni les fêtes, j'y travaille depuis quatre
« heures du matin jusqu'à midi, et même quel-
« ques heures aussi dans l'après - dînée. Le
« temps du dîner, que je passe dans la société
« de quelques bons amis, est presque le seul
« temps de ma récréation. Après le repas je
« me repose une demi-heure tout au plus : et
« si, vers le soir, mon travail est achevé, je me
« donne un peu de mouvement ; je fais quel-
« ques visites dans la ville, ou je me promène
« dans mon jardin ; je taille mes arbres frui-
« tiers, mes arbrisseaux ; ou, pour ne pas de-
« venir tout-à-fait étranger au monde, je lis
« quelques livres ou la gazette. »

C'est ainsi qu'avec une vie bien réglée et une
activité constante, mais non excessive, il con-
servait sa santé et cherchait à reculer le terme
de ses jours ; car il était franchement attaché à
la vie. Il écrivait ingénument à Busching :
N'est-il pas vrai qu'un galant homme peut bien

aller jusqu'à cent ans? Et, dans cette confiance,
il formait encore des projets qui ne devaient pas
avoir leur exécution. Le désir ardent qu'il exprimait sans cesse d'aller mourir où il était né ne
devait être trompé que par sa mort, qui lui parut prématurée sans doute.

Dans la supplique qu'il adressa à l'impératrice,
pour lui demander sa démission, il se comparait
à Berzellaï, riche vieillard qu'affectionnait David, et que ce prince voulait emmener avec lui
à Jérusalem. Le feld-maréchal disait à Catherine
ce que Berzellaï avait autrefois dit à David (1) :
« J'ai si peu de temps encore à vivre! j'ai quatre-
« vingts ans : peut-il me rester quelque vigueur
« dans les sens pour discerner ce qui est doux
« d'avec ce qui est amer? Puis-je trouver quel-
« que plaisir à boire et à manger? Mon palais
« peut-il être flatté des mets délicats qu'on sert
« sur la table des princes? Mon oreille peut-
« elle entendre la voix des chanteurs et des
« chanteuses? Pourquoi votre serviteur serait-il
« à charge à mon seigneur et à mon roi? Per-
« mettez-moi seulement de m'en retourner, afin

____

(1) V. Le second livre des Rois, chap. XIX, verse
35, 36, 37.

« que je meure dans mon pays et que je sois en-
« seveli auprès de mon père et de ma mère. »

Toutes pressantes qu'étaient ces instances,
l'impératrice ajourna, à diverses reprises, la détermination qu'elles devaient provoquer, et elle
chercha, par plusieurs témoignages de bienveillance, à obtenir de lui la continuation de ses
services. Elle l'assurait que, si elle n'acquiesçait
pas encore à sa demande, c'était uniquement à
cause de l'extrême embarras où elle se trouvait
de confier à des mains assez habiles la direction
des différentes affaires dont il était chargé.

D'après cela, il est difficile de croire que
l'estimable auteur de *la Vie de Catherine II*
ait été bien informé, lorsqu'il a dit que Catherine, *qui, d'abord avait écouté Munnich avec
intérêt, voulut se délivrer d'un vieillard dont
l'ambition semblait croître avec l'âge, et qui la
fatiguait sans cesse de ses projets et de ses conseils.*

Entre autres distinctions que cette souveraine
lui accorda jusques dans ses dernières années,
on remarqua surtout les fonctions honorables
qu'elle lui fit remplir dans le magnifique car-
rousel qu'elle donna à Pétersbourg en 1766.
L'impératrice fit revivre en cette occasion les
temps de l'ancienne chevalerie, en donnant à la

noblesse russe le divertissement d'un tournois.
Les dames de la cour y combattirent aussi bien
que les cavaliers. Tous les combattans étaient
divisés en quatre quadrilles, dont chacune représentait une nation différente. On y voyait des
Esclavons, des Indiens, des Romains et des
Turcs. Grégoire Orlow et son fils Alexis étaient
à la tête des deux derniers quadrilles; et le feld-
maréchal Munnich faisait les fonctions de juge
du camp.

Éclairé des brillans souvenirs que réveillait
son aspect, il était debout sur une hauteur dans
le centre de l'amphithéâtre. Un poëte l'aurait
comparé à un chêne antique de la forêt sacrée,
dépouillé de ses feuilles, et auquel on avait ap-
pendu les dépouilles des peuples vaincus. Quand
les jeux furent achevés, Munnich adressa aux
cavaliers et aux dames un discours en français,
dans lequel, s'adressant à madame la comtesse
de Butturlin, il lui dit avec une noble et res-
pectueuse galanterie : « C'est vous, Madame, à
« qui Sa Majesté Impériale m'autorise à remet-
« tre le premier prix, fruit d'une adresse et
« d'une grace peu communes, qui ont réuni
« tous les suffrages. Permettez, Madame, que
« je sois le premier à vous féliciter de cette dis-
« tinction honorable, qui vous donne le droit

« de distribuer , de vos glorieuses mains, les
« autres prix aux dames et aux chevaliers. »
Ce discours se terminait ainsi :

« Pour moi, blanchi sous les armes pendant
« soixante-cinq années de service (il avait alors
« quatre-vingt-quatre ans); moi le plus vieux
« et le plus ancien général de l'Europe; après
« avoir eu la gloire de mener plus d'une fois les
« armées russes à la victoire , je regarde
« comme la récompense qui couronne tous mes
« travaux l'honneur d'avoir été aujourd'hui ,
« non-seulement le témoin, mais encore le pre-
« mier juge de vos beaux exploits. »

C'était la dernière scène où Munnich devait
jouer un rôle. Catherine, en donnant ce brillant spectacle aux Russes, avait eu pour objet
de faire diversion aux mécontentemens qu'ils
exprimaient, à la fermentation qui régnait
parmi eux. Mais elle voulait employer en même
temps des moyens plus efficaces d'assurer la
tranquillité publique. C'était l'époque où elle
s'occupait de leur donner un code de lois. Elle
envoya dans tout l'empire l'ordre de faire passer à Moscow des députés chargés de proposer
les lois qu'ils croiraient les mieux appropriées à
chacune des provinces. Elle se rendit elle-même
à Moscow, et fit lire aux députés les instruc-

tions qu'elle avait rédigées de sa propre main.

Elle se souvint encore de Munnich à cette époque mémorable de son règne. Elle fit remettre au fils du feld-maréchal une copie des instructions qu'elle venait de donner aux représentans de la nation russe, et le chargea de l'envoyer à son père. Elle écrivit en même temps au vénérable vieillard une lettre pleine d'expressions de sa bienveillance.

CHAPITRE XI.

Maladie et mort de Munnich. Son caractère.

Munnich était au lit de la mort lorsqu'il reçut ce nouveau témoignage des bontés de sa souveraine. Il souffrait d'une fièvre, accompagnée de vertiges et de violentes douleurs de côté. Après avoir été alité pendant quinze jours, il parut éprouver un peu de soulagement. Le présent qu'on lui apporta de la part de l'impératrice lui donna quelques momens de joie et même d'espérance. Il crut lui-même toucher à sa guérison. Dans deux lettres qu'il dicta, quatre jours avant sa mort, pour son ami d'Oldenbourg, et qu'il signa encore de sa main défaillante, il exprima cet espoir et le plaisir que lui avait fait la flatteuse commémoration de Catherine.

On s'était vainement flatté de le conserver encore. La maladie disparut, mais pour faire place à une extrême faiblesse, avant-coureur d'une dissolution prochaine. Il vit arriver sa fin avec une grande résignation. Autour du lit du mourant, étaient debout, dans l'attitude de la tristesse, d'abord ses proches, à côté d'eux ses domestiques, ses subordonnés, ses amis de différentes nations, qui semblaient députés par elles pour exprimer leur douleur sur la perte d'un homme qui appartenait à l'Europe.

Munnich rendit son dernier soupir le 16 octobre 1767, âgé de quatre-vingt-quatre ans cinq mois et six jours. Le vœu qu'il avait énoncé pour que ses dépouilles fussent placées près des tombeaux de sa famille à Neuen-Huntorf ne fut pas accompli. On les déposa d'abord dans l'église de Saint-Pierre à Pétersbourg; et dans la suite elles furent transportées en Livonie, dans sa terre de Lunia, où elles reposent encore. Son excellente épouse lui survécut. Il laissa quatre enfans, un fils et trois filles qu'il avait eus de sa première femme, née demoiselle de Witzleben. Il avait outre cela plusieurs petits-enfans et arrières-petits-enfans ; et cette nombreuse lignée de différens âges avait embelli les derniers jours de sa longue carrière.

Le maréchal Munnich nous paraît devoir être suffisamment connu sous tous les rapports par la lecture de cet ouvrage. Nous nous bornerons à rassembler ici les traits épars dont se compose son portrait moral.

De véritables talens, perfectionnés par la culture, furent les solides fondemens de sa grandeur. Une ambition sans bornes et une rare activité furent les léviers qui le portèrent rapidement à la hauteur qu'il atteignit. Il en descendit parce qu'on renonça à ses principes ; et aussitôt qu'ils eurent été adoptés de nouveau, il reparut avec honneur. La prospérité de l'état auquel il s'était consacré fut la boussole qui dirigea constamment ses efforts. Comme tous les grands hommes, il exécuta avec passion tout ce qu'il entreprenait. Il répétait souvent ces paroles de saint Paul, dans sa quatrième épître aux Galates : *Il est bon d'être zélé, pourvu que ce soit pour le bien.* Rencontrait-il des obstacles, la violence avec laquelle il s'efforçait de les surmonter passait de temps en temps les bornes de la modération ; mais il savait bien alors que ce n'était que par ces élans impétueux que les succès pouvaient s'obtenir d'une manière décisive et durable. Quelquefois, il faut en convenir, cette violence tenait peut-être à des vues intéressées. Quelquefois aussi il perdait de vue cette estime religieuse de soi-même qui sied bien à l'homme de mérite, et son zèle dégénérait en amour effréné de la réputation. On prétend encore qu'il avait trop de goût pour les minuties ; qu'il était trop exigeant pour les choses d'un intérêt secondaire ; mais disons, pour son excuse, que c'est la faculté de s'occuper des détails , lors même que l'on conçoit les choses en grand, qui seule rend capable de former des états , de diriger le cours des fleuves et de réunir des mers ; que rien n'est petit pour le grand homme ; que rien n'est d'une médiocre importance , quand il s'agit du bien général. Aussi long-temps que le croissant s'abaissera devant les drapeaux russes, aussi long-temps que des navires déboucheront du lac Ladoga pour se rendre à la mer, le nom de Munnich vivra ; et celui qui le porta paraît avoir été dignement caractérisé par Catherine II, lorsqu'elle dit : *Si Munnich n'est pas un des enfans de l'empire de Russie, il en est un des pères.*

Considéré sous d'autres points de vue , il mérite aussi l'attention de l'observateur, et surtout du biographe. Ecrire avait été pour lui de bonne heure un besoin. Il l'éprouva jusques dans l'âge le plus avancé. Le feld-maréchal Munnich s'exprimait avec une égale facilité en allemand, en français et en russe. Son débit était simple, clair, et, ce qui est rare parmi les gens de guerre, son style était en même temps très-correct. Comme il se piquait d'une grande ponctualité dans les affaires, il ne pardonnait pas la plus petite négligence, la plus légère faute d'écriture. Il aimait passionnément l'ordre et le goût; aussi a-t-on vu régner l'un et l'autre sur sa personne et dans sa maison jusqu'à la fin de sa vie. Il possédait au dernier degré l'art de gagner les cœurs. Il cherchait surtout à plaire au beau sexe, et y réussissait. Empressé et galant auprès des femmes, même dans l'âge de la caducité, il n'en voyait pas une seule qu'il ne l'embrassât, suivant la coutume reçue en Russie.

L'économie bien entendue et la bienfaisance étaient au premier rang des vertus qu'il pratiqua constamment, surtout dans sa vieillesse. Voilà comme il se peignait lui-même sous ce rapport, dans une de ses dernières lettres à un de ses amis : « De ma vie je n'ai perdu de l'ar-
« gent au jeu. Je n'en prodigue pas non plus
« en bijoux (comme il n'arrive que trop sou-
« vent ici). Ma seule dépense est en bâtisses et
« en améliorations. Déjà, depuis soixante-dix
« ans, c'est une de mes règles de conduite,
« de ne pas, autant qu'il dépend de moi,
« passer un jour sans chercher à exécuter quel-
« que chose qui tourne soit à la gloire de Dieu,
« soit à l'accomplissement de mes devoirs, soit
« à l'avantage de mon prochain et de ma mai-

« son; et quand j'y réussis, j'éprouve le soir
« une joie bien véritable. Ce n'est pas que j'aie
« en cela pour objet de me faire auprès de Dieu
« un mérite dont je doive être récompensé ;
« j'aspire uniquement à remplir mes devoirs,
« et à procurer à mon ame une douce tranquil-
« lité et une satisfaction pure : et afin que le
« matin où je vous écris cette petite lettre avant
« le jour ne se passe pas sans avoir produit
« quelque chose d'utile, je destine quelque se-
« cours pour la pauvre veuve que vous m'avez
« nommée, et pour ses enfans. »

Il est impossible de ne pas concevoir une
profonde estime et de l'affection pour un homme
qui épanche son ame avec cette touchante simplicité, surtout quand on pense que cet homme
était un vieux et illustre guerrier, qui aurait pu
être ébloui par sa haute fortune, ou aigri par
l'adversité, ou endurci par l'âge.

Nous compléterons le portrait du feld-maréchal Munnich en insérant ici le jugement qu'en
a porté un appréciateur très-éclairé (1) en le
considérant comme un grand homme de guerre.

« Le feld-maréchal Munnich occupe une

____

(1) C'est l'auteur d'un ouvrage allemand qui a pour
titre : *Bertrachtungen uber die Kriegs-Kunst* : *Considérations sur l'art de la guerre.*

place extrêmement distinguée dans l'histoire militaire de Russie. Véritable génie dans l'art de la guerre, plein du sentiment de sa force, il osa secouer les vaines entraves des règles et des principes, et défier la fortune, en lui disant : *Voyons jusqu'où va ton pouvoir.* Toutefois, si Munnich s'écartait des lois ordinaires de la prudence, c'était pour s'élever aux plus hautes conceptions. Il avait les idées les plus justes sur sa profession ; il était aussi brave personnellement qu'intrépide jusqu'à la témérité dans ses résolutions hasardeuses, comme s'il eût eu le pressentiment d'un succès infaillible. On peut le regarder comme l'inventeur de la méthode d'attaquer les Turcs avec des bataillons carrés. Jamais il ne se présentait dans un autre ordre de bataille, et c'est même ainsi qu'il faisait marcher son armée, pour peu qu'il y vît de la possibilité. Depuis le temps où il a commandé les Russes, les défaites qu'ont éprouvées les armées turques doivent être attribuées peut-être moins à leur insubordination qu'à l'usage des bataillons carrés et des chevaux de frise qu'on a employés contre elles. La terreur que les Russes leur inspirent encore date de l'époque où Munnich leur fit la guerre. »

FIN.

TABLE

DES CHAPITRES.

CHAPITRE PREMIER.

CHAPITRE II.

CHAPITRE III.

CHAPITRE IV.

CHAPITRE V.

CHAPITRE VI.

CHAPITRE VII.

CHAPITRE VIII.

CHAPITRE IX.

CHAPITRE X.

CHAPITRE XI.

Fin de la Table des Chapitres.

www.ingramcontent.com/pod-product-compliance
Lightning Source LLC
LaVergne TN
LVHW021544170726
843501LV00004B/1192